"패트릭 슈라이너는 현대 기독교 학계의 밝은 빛 중 하나다. 슈라이너는 이 책에서 중대하면서도 그동안 방치되었던 승천이라는 주제가 성경 이야기 속에서, 또한 각 신자의 이야기 속에서 어떤 위치를 차지하는지 전문가답게 설명해 준다. 그리고 하늘에 계신 예수님의 현재 위치가 지금 이 땅에서 여러분의 삶을 어떻게 완전히 더 나은 방향으로 뒤바꿀 수 있을지를 보여 준다."
- 러셀 무어, 서던 뱁티스트 컨벤션 윤리와 종교 자유 위원회 회장

"승천은 현존하는 기독교 교리 중 가장 중요한 주제 중 하나임에도 가장 도외시되었던 주제다. 짧지만 도움이 되는 통찰력과 실례로 가득한 이 책에서 패트릭 슈라이너는 승천이 무엇이고, 왜 중요한지, 이것이 왜 단순히 필요한 것이 아니라 우리에게 기쁨이 되는지 설명해 준다."
- 앤드류 윌슨, 런던 킹스 처치 교육 목사

"그리스도의 승천은 그 우주적 중요성과 범위에도 불구하고 기독교인들이 상대적으로 관심을 덜 가진 주제다. 패트릭 슈라이너는 이 교리를 통찰력을 가지고, 읽기 좋게 다룸으로써 그리스도의 현재 하늘에서의 통치에 대해 우리가 마땅히 기울여야 할 관심을 기울이게 해 준다. 여러분이 그리스도의 승천에 대해 전혀 들어 보지 못했든, 또는 이에 대한 신학 공부를 했든, 이 책은 여러분에게 예수님의 구원 사역에 있어 매우 중요한 이 승천 사건에 대해 신선한 통찰력과 깊은 이해를 가져다 줄 것이다."
- 매튜 에머슨, 오클라호마 침례대학교 부교수

"패트릭 슈라이너의 책은 중요하지만 종종 간과되는 그리스도의 사역의 한 면모를 탁월하게 다룬다. 슈라이너는 아주 짧은 지면에 승천에 대해 놀랍도록 포괄적이면서도 명쾌한 분석을 제공해 준다. 슈라이너의 글에는 재치와 따뜻함, 그리고 신학적 정교함이 있다. 이 책이 승천이라는 주제에 대해 쓴 최고의 책들 중 하나임에는 의심의 여지가 없다."
- 피터 오르, 호주 시드니 무어 신학대학교 강사

"그리스도의 승천이 신학에서 중요하지만 간과된 분야임을 주목하며, 슈라이너는 이 주제에 대해 통찰력 있고, 간결하면서도 접근하기 좋게 소개해 준다. 그는 특히 선지자, 제사장, 왕이라는 그리스도의 삼중직에 대한 중요성을 잘 보여 준다. 독자들은 이 책이 짜임새 있고, 간결하나 성경적으로 심오하며(특히 구약 사용에 있어서), 신학적으로 정확하다는 점을 발견하게 될 것이다. 이 책은 신학과 교회의 실천에 있어서 그리스도의 승천이 가지는 중요성을 총체적으로 가르쳐 주는 훌륭한 책이다."
- 가빈 오트룬드, 캘리포니아 오하이 퍼스트 뱁티스트 교회 담임 목사

"패트릭 슈라이너는 어떻게 자신이 사도행전에서 시작해 성경 이곳저곳을 살펴보다가 곧 승천이라는 주제가 성경 전체에 퍼져 있음을 발견하게 되었는지를 말해 준다. 이 교리가 딱 그러하다. 간과할 만큼 쉽지만 관심을 기울이기 시작하면 그 범주와 중요성에 매우 놀라게 된다. 이 책은 예수님의 승천에 대한 훌륭한 안내서이며 승천하신 예수님을 모든 곳에서 볼 수 있게 해 주는 초대장이다."
- 프레드 샌더스, 바이올라 대학 토레이 아너스 인스티튜트 신학 교수

"우리 기독교인들은 예수님의 죽음과 부활에는 아주 많이 관심을 두지만(그리고 이는 옳은 일이다) 그 후에 일어난 일은 무시하거나 소홀히 여기는 경우가 매우 많다. 슈라이너는 그리스도가 어떻게 승천과 아버지의 우편에 앉으심을 통해 자신의 사역을 완성하셨는지를 보도록 아름답고도 훌륭하게 안내해 준다. 우리의 선지자, 제사장, 그리고 왕으로서의 그리스도의 사역은 부활 이후의 사역을 포함한 모든 면에서 우리의 존귀와 예배를 받아 마땅하다. 만약 여러분이 그리스도의 승천에 대해 단 한 권의 책을 읽는다면 이 책으로 하라. 적극 추천하는 바다!"
- J. 스콧 듀발, 와쉬타 침례대학교 신약과 학과장

"그리스도의 승천은 기독교 신앙에 있어 필수적인 주제임에도 불구하고 이를 이야기하는 그리스도인들은 무척 적다. 하지만 승천은 정말 중요하다! 패트릭 슈라이너는 우리의 눈을 열어 승천이 그리스도와 그분의 교회에 중요성을 가지는 무수한 방식들을 보게 해 준다. 승천이 없다면 선지자, 제사장, 왕으로서의 그리스도의 권위는 그 정당성을 입증할 수 없으며, 그분이 하시는 하늘 보좌에서의 중보 사역과 통치 사역도 지속할 수 없고, 말씀과 성령을 통한 교회 건설도 불가능하다. 승천이 없으면 우리에게는 아무런 소망이 없다. 그러니 이 책을 들고 읽어 보라. 예수님은 단지 살아 계실 뿐 아니라 통치하시며, 언젠가 우리가 그분과 함께 영광 중에 승천할 그날까지 자신의 교회를 인도하고 계신다."
- 매튜 바레트, 미드웨스턴 침례신학대학원 기독교 신학과 부교수 및 크레도 매거진 편집장

Copyright © 2020 Patrick Schreiner
Originally published in English under the title
The Ascension of Christ: Recovering a Neglected Doctrine
Snapshots, edited by Michael F. Bird
by Lexham Press, 1313 Commercial St., Bellingham, WA 98225, U.S.A.
All rights reserved.

Translated and used by permission of Lexham Press.

This Korean translation edition © 2022 by Jireh Publishing Company,
Goyang-si, Gyeonggi-do, Republic of Korea.

이 한국어판의 저작권은 Lexham Press와 독점 계약한 이레서원에 있습니다. 신저작권법에 의하여 한국 내에서 보호받는 저작물이므로 무단 전재와 무단 복제를 금합니다.

내 자녀들에게
-리디아(아홉 살), 케시드(일곱 살), 줄리아나(다섯 살),
그리고 케이난(세 살)

이 책이 짧기에 여러분이 언젠가
읽을지도 모르겠습니다.

그리스도의 승천: 방치되어 있던 교리의 재발견
The Ascension of Christ: Recovering a Neglected Doctrine

패트릭 슈라이너 지음
마이클 버드 시리즈 편집
박장훈 옮김

초판 1쇄 인쇄   2022년 8월 20일
초판 1쇄 발행   2022년 8월 25일

발행처   도서출판 이레서원
발행인   문영이
출판신고   2005년 9월 13일 제2015-000099호

기획·마케팅 김정태
편집   송혜숙, 오수현
총무   곽현자

경기도 고양시 일산동구 백석로71번길 46, 1층 1호
Tel. 02)402-3238, 406-3273 / Fax. 02)401-3387
E-mail: Jirehchangjisa.com
Facebook: facebook.com/jirehpub

책값은 표지에 있습니다.
ISBN 978-89-7435-603-3 94230
ISBN 978-89-7435-515-9 (세트)

신저작권법에 의해 한국 내에서 보호받는 저작물이므로 저작권자의 서면 허락 없이 이 책의 어떠한 부분이라도 전자적인 혹은 기계적인 형태나 방법을 포함해서 그 어떤 형태로든 무단 전재하거나 무단 복제하는 것을 금합니다.

교회를 위한 신학
03

그리스도의 승천

방치되어 있던
교리의 재발견

패트릭 슈라이너 지음
마이클 버드 시리즈 편집
박장훈 옮김

The Ascension of Christ
Recovering a Neglected Doctrine

이레서원

목차

- 서문 | 10
- 소개의 말 | 13

1장 간과된 주제, 승천 ········ 17
- 이야기를 잠시 멈추고
- 승천이 소홀히 여겨졌던 다섯 가지 이유
- 승천을 간과하지 말아야 하는 다섯 가지 이유
- 결론

2장 선지자의 승천 : 그의 교회를 세우심 ········ 43
- 자기를 따르는 자들에게 힘을 주심
- 선지자 예수님
- 선지자의 초상
- 선지자의 승천을 암시하는 이야기들
- 승천과 자기의 교회를 세우시는 그리스도
- 선지자로서의 교회
- 결론

3장 제사장의 승천 : 하늘에서 중보하심 ········ 83
- 중보
- 제사장 예수님
- 제사장의 초상
- 제사장의 승천을 암시하는 이야기들
- 승천과 제사, 중보, 그리고 축복
- 제사장으로서의 교회
- 결론

The Ascension of Christ
Recovering a Neglected Doctrine

4장 왕의 승천 : 만물을 다스리심 ········· 127
　- 주로 선포됨
　- 주 예수님
　- 왕의 초상
　- 왕의 승천을 암시하는 이야기들
　- 승천과 주님의 통치
　- 왕의 가족으로서의 교회
　- 결론

5장 신학에서의 승천 ········· 165
　- 서론
　- 승천과 삼위일체
　- 승천과 성육신
　- 승천과 십자가
　- 승천과 부활
　- 승천과 종말론
　- 승천과 신학적 체계
　- 결론

서문

　나는 어떤 프로젝트를 진행하면서 승천에 대해 관심이 생겼다. 사도행전 주석의 소개말에서는 누가의 상상 속에서 가장 중심이 되는 주제가 승천이라고 주장한 바 있다. 내가 느끼기에는 바울과 그 외 신약성경 저자들은 자신들의 글 속에서 이 흐름을 유지하고 있는 것 같았다. 나는 나의 이 생각을 좀 더 확장했고 이내 승천을 모든 곳에서 발견하기 시작했다. 보좌에 앉으신 그리스도의 지속적 통치와 살아 계심은 사도행전과 그 외 신약성경의 신학적 핵심이자 내러티브의 중심이다. 이전에 승천을 부인했던 것은 아니었지만 나는 내 사고의 과정에서 승천의 중요성을 명확하게 규명하지 못했었다.

　내 개인 연구에 이 주제가 도움이 되었던 까닭에, Por Que No(역주: 스페인어로, 안 될 이유가 있나요?)라는 포틀랜드의 한 유명 식당에서 렉스햄 출판사의 데릭 브라운을 만났을 때 나는 승천을 다루는 책을 내자고 그에게 제안했고, 데릭은 "안 될 이유가 뭐가 있겠어요?"라고 답해 주었다. 내가 이 프로젝트를 진행하도록 시간을 내준 웨스턴 신학대학원, 특별히 내 집필 프로젝트를 지지해 주는 척 코너리에게 감사한다. 또한,

내 원고를 읽고 초고보다 훨씬 좋은 글로 만들어 준 모든 분께 감사를 드린다.

데릭 브라운은 원고를 꼼꼼히 읽고 내 글이나 개념 중 불분명한 부분을 지적해 주었다. 우리 아버지는 초고를 읽으시고는 해석학적으로 도움이 될 만한 내용을 제안해 주셨다. 피터 오르는 성경 신학의 최신 연구들(New Studies in Biblical Theology) 시리즈의 한 권으로 쓴 그의 책 초판을 보내 주며 내 글에서 모순된 부분, 특히 함께하심과 부재하심(presence and absence)에 대한 내용을 짚어 주었다. 팀 하몬은 조직신학적 관점에서 내 몇몇 논증을 명확히 표현하게 해 주었다. 친구 자레드 풀리엄 목사는 승천이 절정의 사건인지 예수님의 재림이 절정의 사건인지 구분하도록 도움을 주었다. 동료 라이언 리스터는 작문 스타일에 대한 유용한 피드백을 주었고 여러 군데 쉼표를 첨가해 주었다. 게리 브레쉬어즈는 내 글에서 몇 군데 불명확한 곳을 짚어 주었다. 매트 에머슨은 Pride Rock을 쓸 때 첫 자를 대문자로 쓰라고 말해 주었을 뿐 아니라 그 이상의 작업을 해 주었다. 바비 제이미슨은 그리스도의 천상 사역에 관련된 자신의 작품을 보내 주며 내가 그리스도의 천상의 제사장직을 더 주의 깊게 생각하도록 도전해 주었다. 개빈 오트룬드 역시 자신이 집필했거나 작업했던 자료들을 참고하게 해 주었다. 필립 하월은 몇 가지 실수를 찾아 주었고 중요한 논문 몇 편을 읽도록 해 주었다.

처음에는 이 책의 개요를, 그리스도가 하신 일이 "자신의 증인들에게 힘을 주심, 그리스도의 천상에서의 중보, 그리고 주가 되심"이라고 짰다가, "자신의 교회를 세우심, 하늘에서 중보하심, 그리고 모두를 통치하심"이라고 바꾸었다. 우리 교회에서 공동 고백으로 리고니어 기독 강령을 사용하고 있었기 때문이다. 이 표현들이 내 요지를 더 잘 요약해 준다.

마지막으로, 집필 시간 대부분을 보냈던 우드스톡에 있는 하트 커피숍의 바리스타들에게 감사하는 바다. 그들은 내가 거기서 오랜 날들을 머무르며 차를 계속 무제한으로 마셔도 잘 참아 주었다. 이 책을 쓰며 들었던 음악으로는 스포티파이 (역주: 온라인 음악 스트리밍 서비스 앱) 플레이리스트가 있는데 나는 그중에서도 몇몇 아티스트의 음악을 계속 들었고 그래서 이들에게도 감사를 전하고 싶다. 더 쇼날, 퍼스트 에이드 키트, 아모스 리, 본 이베르, 뱀파이어 위켄드, 엘피(LP), 루도비코 에이나우디, 니콜라스 브리텔, 그리고 막스 리히터다.

소개의 말

도덕적 우주의 굴곡은 길지만 메시아의 승천이 그 피날레를 좌우한다. 하지만 우리는 승천을 자주 간과한다. 그럼에도 이것은 복음 이야기의 가장 중요한 순간이며, 선지자, 제사장, 왕이신 그리스도의 삼중직에 있어 결정적인 역할을 한다. 나는 그리스도의 승천이 성경 이야기에서 차지하는 위치에 대해 더 잘 살펴보고 그 신학적 위치를 다지고자 이 짧은 책을 썼다.

그리스도의 승천은(올라가심) 예수님이 지상에서 하늘로 올라가심을 말한다. 그의 좌정(앉으심)은 그리스도가 아버지 우편에 앉으심을 말한다. 이 둘은 그리스도의 승귀와 승리를 나타내는 밀접하게 연결된 단계들이지만, 사실 올라가심은 올라가시는 '여정(journey)'이고 앉으심은 '목적(goal)'이라고 할 수 있다. 나는 이 둘을 크게 하나로 간주하려 한다. 이 둘은 모두 예수님을 영광스럽게 하고 그가 승리를 이루셨음을 선포한다. 승천이라 말할 때 나는 그의 좌정을 염두에 둔다. 좌정이라 말할 때는 승천을 염두에 둔다.[1] 예수님은 승천하셔서, 보좌에 앉으시고, 현재도 앉아 계시며, 나중에 산 자와 죽은 자를 심판하러 다시 오실 것이다.

나의 목적은 독자들이 예수님의 사건 중 이 부분에 대해 자세히 생각하고 그 중요성을 깊이 이해하도록 돕는 데에 있다. 이를 위해 성경 이야기 전체를 훑기보다 이 사건을 선지자, 제사장, 왕으로서의 메시아의 삼중직(munus triplex)의 관점에서 살펴보려고 한다.

내가 이렇게 구조를 짠 데에는 세 가지 이유가 있다. 첫째, 삼중직은 어떻게 그리스도가 구약에서 가장 중요한 직분들을 완성하셨는지를 강조해 준다. 둘째, 이 직분들은 모두 "기름 부음을 받은 직"이라는 제목 아래 살펴볼 수 있는데, 이는 예수님이 어떻게 메시아이신지를 잘 설명해 준다. 마지막으로, 이 세 가지 직분을 살펴봄으로써 그리스도의 승귀와 승리를 더욱 정확히 말할 수 있을 것이다.[2]

나의 기본적인 주장은 승천이 이야기에서 가장 중요한 순

---

1 나는 문장을 잘 표현하고자 몇몇 용어를 호환해서 사용하려고 하는데 이는 "그리스도/메시아", "승천/좌정", "승천/오르심"이다. 비록 "승천(ascension)"은 좀 더 교리적인 것을 말하고 "오르심(ascent)"은 하늘을 향해 올라가는 사건을 말하지만, 독자들은 그 문맥이나 단락에서 명시하지 않는 한 일반적으로는 이 단어들을 구분하여 읽지 말아야 한다.
2 그리스도의 삼중직 교리는 유세비우스와 그리스 교부들이 제안한 것이었으나 장 칼뱅이 이 교리를 취하여 개혁주의 사상을 통해 널리 알렸다. 어떤 이들은 이 삼중직에 현자나 선생을 첨가하기도 하는데 이것도 옳다고 할 수 있다.

간이며 그리스도의 사역에 있어서 전환점이라는 것이다. 이는 예수님의 사역을 권위 있게 하고 보증해 줄 뿐 아니라 그리스도의 세 가지 역할을 '지속하게' 만든다. 그리스도의 하늘에 오르심은 그의 지상 사역을 완성시키며 선지자, 제사장, 왕으로서의 그리스도의 역할에 변환점이 된다. 게릿 스콧 도슨(Gerrit Scott Dawson)은 이렇게 말한다. "승천은 우리로 하여금 그리스도의 현재[그리고 미래]의 사역의 <u>전 범위에</u> 주의를 기울이도록 역동적으로 작용한다."[3]

이전에 지상에서 그리스도는 선지자였다. 지금 그는 하늘의 선지자로서 자신의 교회를 세우고 계신다. 이전에 지상에서 그는 제사장이었고 지금은 하늘의 제사장으로서 우리를 중보하고 계신다. 이전에 그는 유대인의 왕으로 경배받으셨는데 지금은 하늘과 땅의 주가 되셨다.

승천 없이는 그리스도의 사역이 불완전하다. 승천이 없다면 이야기에 아주 커다란 구멍이 생길 것이다. 승천 없이는 다른 교리들도 비뚤어질 것이다. 나는 이 책이 그리스도의 온전한 사역을 더 잘 알고 그의 백성을 더 신실하게 섬기기 원하는 모든 이에게 도움이 되기를 기도한다.

---

3 Gerrit Scott Dawson, *Jesus Ascended: The Meaning of Christ's Continuing Incarnation* (New York: T&T Clark, 2004), 9. 밑줄은 내가 추가함.

1장

간과된 주제, 승천

> 놀랍게도 요즈음 승천에 관한 언급이 너무나 적다. 한때 승천은 그리스도의 신비의 절정으로 받아들여졌었는데… 오늘날 승천은 당혹스러운 것이 되었다. _더글러스 패로우

이야기를 잠시 멈추고

몇 년 전부터 오디오 책을 듣기 시작했다. 책을 듣다 보니 이상한 시점에서 멈추게 된다는 점을 알게 되었다. 차에서, 운동할 때, 또는 아침에 하루를 준비하면서 이 오디오 책을 듣고는 했는데, 하던 일을 끝마쳤을 때 내가 이 책 듣기를 멈추고 있었다.

실제 종이책을 읽을 때는 이와는 다르게 더 자연스럽게 멈추게 된다. 오디오 책은 중요한 순간에서 듣기를 멈추어야 할 수도 있다. 한번은 『레디 플레이어 원』(*Ready Player One*)이라

는 책을 듣고 있다가 집에 막 도착해서 끄려는 때에 주인공이 이렇게 말하는 것이었다. "그리고 우리는 모두 죽었다."

성경의 이야기를 요약할 때도 같은 일이 일어날 수 있다. 성경을 읽다가 가장 중요한 사건이 막 일어나려는 참에 일시 정지 버튼을 누르는 때가 우리에게도 많다. 어떤 한 부분에 집중한 나머지 다른 부분들을 놓치기도 한다.

사람들은 일반적으로 예수님의 삶과 죽음, 부활로 복음을 요약한다. 승천에 대해서는 거의 속삭이지도 않는다. 때로 복음주의자들은 십자가와 부활을 너무 강조한 나머지 승천은 그 그늘에 가려 버린다. 피터 오르가 말하듯이 "기독교인들은 예수님이 '하신' 일(그의 삶, 죽음, 부활)과 '하실' 일(재림과 통치)을 강조하는 경향이 있다."[1] 그리스도가 현재 하고 계시는 일이나 부활 후에 발생한 일에 관한 연구는 상대적으로 매우 적다.

그러나 만약 승천이 성경 이야기의 해법이라면, 승천이 그리스도의 권위를 확증해 준다면, 승천이 이 이야기를 온전히 완성하는 필수 단계라면, 승천이 그리스도의 사역과 삼위일체 신학의 중심이라면, 우리는 이를 받아들이고 자주 가르쳐

---

1 Peter Orr, *Exalted above the Heavens: The Risen and Ascended Christ,* New Studies in Biblical Theology 47 (Downers Grove, IL: IVP Academic, 2019), 1.

야 할 것이다.

승천이 소홀히 여겨졌던 다섯 가지 이유

이 책의 첫 번째 장에서는 그리스도의 승천이 소홀히 여겨졌던 다섯 가지 이유를 살펴보고, 그다음에는 이 중요한 사건에 우리가 집중하고 관심을 기울여야 하는 다섯 가지 이유를 살펴볼 것이다.

성경이 이것에 대해 적게 이야기한다

그리스도의 승천이 간과되는 데는 여러 이유가 있겠지만 명백한 이유 중 하나는 성경이 이에 대해 적게 이야기하기 때문이다. 신약성경 어디에도 "승천(아나바시스)"이라는 통상적 헬라어 단어가 없다. 성경에서 이 사건이 나오는 부분이 딱 두 군데 있는데 누가복음의 끝과 사도행전의 시작이다(눅 24:50-53; 행 1:9-11). 승천에 대한 설명은 성경에서 겨우 일곱 절만 차지하는데, 이는 성경의 전체 구절 중 0.03%에 해당한다.

어떤 독자들은 마태복음의 마지막이 예수님이 승천하시는 모습을 보여 주지 않고 끝난다는 사실에 놀랄 것이다. 마가복음의 원래 결말은 승천에 대한 언급이 없고 요한복음 마지막에서도 예수님은 여전히 땅에 계신다. 심지어 바울이 말하는 가장 중요한 것들의 목록에도 메시아의 승천은 포함되어 있지 않다(고전 15:1-2). 만약 승천이 핵심 부분이라면 왜 다른 복음서 저자들은 이를 이야기에 포함시키지 않았을까? 왜 승천은 성경에서 그토록 적은 부분을 차지하는가? 왜 이 단어는 전혀 사용되지 않았는가? 또 왜 바울은 이것에 큰 중요성을 두지 않았는가?

안 좋은 계획처럼 보인다

승천이 소홀히 여겨지는 두 번째 이유는 이것이 안 좋은 계획처럼 보이기 때문이다. 예수님이 땅에 남아 계시는 것이 직관적으로 생각했을 때 더 좋아 보인다는 뜻이다. 이것은 다음의 가정과 결론을 보면 알 수 있다.

가정 1: 몸을 가지고 새 하늘과 새 땅에서 예수님과 함께 있는 것이 가장 좋은 상태의 결말이다.
가정 2: 예수님은 더 이상 몸을 가지고 우리와 함께 계시지 않는다.
결론: 예수님이 떠나시지 않는 것이 더 좋았을 뻔했다.

어떤 면에서 승천은 최악의 계획 같다. 예수님의 삶은 좋다. 예수님의 죽음도 좋다. 예수님의 부활도 좋다. 그런데 예수님의 승천은? 우리는 이렇게 질문할 수밖에 없다. 만약 예수님이 여기 땅 위에서 우리와 함께 계셨다면 많은 일이 훨씬 더 쉽게 진행되었을 것이다. 예를 들어 전도를 생각해 보자. 오래전에 사라진 이 인물에 대해 이야기하는 것은 결코 쉬운 일이 아니다. 하지만 예수님이 이 땅에 계셨다면 사람들에게 그분의 중요성을 확신시키기가 훨씬 더 쉬웠을 것이다. 우리가 사는 세상은 실제적 증거를 소중하고 중요하게 여긴다. 사람들은 주장을 뒷받침해 줄 실질적인 증거를 원하지 증명 불가능한 단언을 원하지 않는다.

또한 승천에 대해 이렇게 생각하는 사람들도 있을지 모른다. 예수님이 이 땅에 계속 계셨더라면 우리에게 더 위로가 되었을 것이므로 승천하시지 않는 편이 더 좋지 않았을까? 만약 그리스도가 물리적으로 우리 옆에 계셨다면 우리가 슬픔을 겪을 때 그의 위로의 손이 우리와 함께하셨을 텐데 현재 우리는 직접 볼 수 없고, 많은 경우 직접 음성을 들을 수 없는 주님께 기도해야만 한다. 우리 아이들은 왜 하나님이 오셔서 우리에게 자신을 보여 주지 않으시냐고 나에게 끊임없이 묻는다. 만약 그랬다면 자기들이 더 확신을 가질 수 있을 거라면서 말이다. 우리가 우리 자신에게 정직하다면 우리도 이처럼 느낄 때가 있었다고 고백할 수 있으리라. 메시아의 승천은 나쁜 계획인 것만 같다.

그 의미가 불분명하다

사람들이 그리스도의 승천에 관심이 없는 세 번째 이유는 이 사건이 왜 필요했는지 이해하기 어렵기 때문이다. 승천의 의미는 다소 흐릿하다. 어쩌면 우리의 눈이 흐릿한 것인지도 모른다. 왜 예수님은 올라가셔야만 했는가? 부활만으로는 충분하지 않았는가?

제자들도 예수님의 부활 후에 이런 방식의 생각에 빠졌다. 예수님의 승천 전 제자들이 물었다. "주께서 이스라엘 나라를 회복하심이 이때니이까(행 1:6)?" 제자들은 승천을 기대하고 있지 않았다. 지금이 바로 예수님이 그의 왕국을 세우시고 그에게 대적하는 모든 세력들을 무찌르실 때가 아닌가? 어쩌면 그래서 제자들은 하늘을 쳐다볼 수밖에 없었고, 천사들은 이들에게 일상으로 돌아가라고 말했을 것이다. 제자들이 생각하고 바랐던 것은 현실과 달랐다. 그들의 계획에 의하면 예수님은 떠나시면 안 되셨다.

문제를 더 복잡하게 만드는 것은, 승천을 기록하는 유일한 성경 구절 두 군데에서도(눅 24:50-53; 행 1:9-11) 승천의 목적에 대한 신학적 설명이 거의 없다는 점이다. 현대의 독자들도 제자들의 옆에서 헷갈리는 표정을 한 채 하늘을 쳐다보고 있는 자신을 발견한다. 이러한 설명 부족 때문에 해석가들은 그리스도의 승천의 목적과 목표를 연구했다. 앞으로 논의를 진행하며 내가 증명하겠지만, 성경의 나머지 부분들은 우리를 위해 이 점을 잘 설명해 주고 있다. 그러나 그리스도가 승천한 이유가 모두 같은 페이지에 나와 있지 않으며, 구약이나 신약 한곳에 다 담겨 있지도 않다.

사건이 비정상적이다

사람들이 승천을 도외시하는 네 번째 이유는 이 사건이 객관적으로 이상하고 현대의 시각으로 보면 기이하기 때문이다. 갈릴레오와 천체 물리학, 뉴턴과 신경계 탐구, 코페르니쿠스와 클론 복제의 시대를 모두 지난 오늘날 승천 개념은 터무니없다. 예수님의 승천은 한 중년의 남자가 공중으로 올라가서(빠르거나 느리게, 하지만 나는 중간 속도라 생각하고 싶다) 구름 속으로 사라진 사건이다. 그는 실제로 어디로 갔는가? 우리의 현대 과학적 세계관으로 보면 그는 분명 대기권을 지나갔을 것이다. 그다음에는 어떻게 된 건가? 나사 우주복 없이 어떻게 그는 살아남을 수 있었단 말인가?

초자연적인 치유와 죽은 자 가운데서의 부활을 받아들인다 해도 어려움이 남는다. 오히려 이런 기적들은 이해가 더 잘 되는데 왜냐하면 이를 통해 사람들이 회복된 삶을 살 수 있기 때문이다. 하지만 예수님의 승천 때는 남은 제자들이 입이 떡 벌어질 정도로 놀라 무슨 일을 해야 하는지 모른 채 하늘을 보고 서 있었다. 이번에는 죽지 않으셨다. 떠나셨다. 우리는 우리가 제자들과는 다르다고 생각하고 싶어 하지만 사실 우리도 무슨 일이 일어났는지, 그리고 왜 이 사건이 필요했는지 궁금해하며 하늘을 쳐다보고 있기는 마찬가지다.

부활은 승천을 포함한다

승천이 소홀히 여겨지는 마지막, 그리고 가장 영향력 있는 이유는 때때로 성경에서 부활과 승천을 개념상 함께 묶기 때문이다. 성경에는 가끔 예수님의 죽음이 그의 영광과 구분 없이 연결되기도 하는데 이때 부활과 승천 모두가 후자의 범주에 포함된다. 누가복음 24:26에서는 예수님이 어떻게 고난받으시고 영광에 들어가실지를 밝힌다. 누가는 예수님의 죽음에서 그의 영광스러운 상태로 재빨리 이야기를 전환한다. 바울은 빌립보서 2:8-9에서 십자가를 중심으로 해서 곧바로 그리스도의 승귀까지를 다룬다. 베드로는 첫 번째 설교에서 "하나님이 [예수님을] 살리셨음(행 2:24, 32)"에 대해 많은 부분을 할애한다. 하지만 사도행전 2:24-36은 전부 부활과 승천에 관한 내용이며 때로 이 둘을 구분하기는 참 어렵다.

사도들은 죽은 자 가운데서 살아나 위로 올라가시는 예수님의 이동이 승천에서도 계속되었다고 생각했다. 존 웹스터(John Webster)가 말하듯, "부활, 승천, 그리고 천상 사역은 모두 예수 그리스도의 주권을 선포하고 분명히 드러낸다."[2] 아마 이 이유로 인해 어떤 이들은 부활까지만 말하고 멈추는 게 아닐까 싶다.

하지만 이 밑에는 해로운 이면이 도사리고 있다. 독자들 대부분은 이 성경 구절을 읽을 때 부활만 생각한다. 이것이 잘못된 것은 아니다. 단지 불완전할 뿐이다. 신약 저자들이 승귀를 말할 때, 이는 부활-승천의 완성된 과정 전부를 의미한다. 하지만 우리가 "승귀"라고 말할 때는 부활만을 생각하는 경향이 있다. 이에 대한 도우슨(Dawson)의 지적은 옳다. "부활은 그 완성에 있어 승천을 필요로 한다."[3] 달리 말하면, 그리스도의 부활을 그리스도의 '완전한' 영화와 동일시할 수 없다는 말이다. 만약 부활로 예수님의 주권이 완전히 확증된다면 승천은 김빠지는 결말에 불과한 것이 된다. 우리는 사도들의 말에 함축된 내용은 잘라 버린 채 부활만 중요하게 생각하는 경향에 빠질 수 있다.[4]

---

2 John Webster, *The Domain of the Word: Scripture and Theological Reason* (London: T&T Clark, 2014), 34.

3 Geritt Scott Dawson, *Jesus Ascended: The Meaning of Christ's Continuing Incarnation* (New York: T&T Clark, 2004), 4.

4 앤드류 머리는 승천이 교회를 세운 네 개의 기둥 중 하나라고 이해한다. "믿음은 그 기반에 네 개의 위대한 주춧돌을 가지고 있는데 이 위에 교회 건물이 세워져 있다. 이 네 개의 주춧돌은 그리스도의 신성, 성육신, 십자가에서의 속죄, 그리고 보좌로의 승천이다. 이 중 마지막 것이 가장 훌륭하며 나머지 것들의 절정이고, 하나님이 우리를 위해 그리스

성경 저자들은 그리스도가 살아나신 행위를 그가 영광스러운 보좌에 앉으시기 전까지는 불완전한 것으로 보았다. 마이클 호턴(Michael Horton)의 말처럼 우리는 보통 "승천을 본질적으로 새로운 한 사건으로 보지 않고 그저 눈부시게 멋진 부활에 대해 감탄하는 지점 정도"[5]로 여긴다. 승천이 하나님의 승리에 대한 또 다른 확증으로 보일 수 있겠지만, 승천은 그리스도의 승귀에 있어서 진보가 이루어졌음을 나타내는 새로운 단계다. 이 승천의 단계에서야말로 그리스도는 자신의 삼중직(선지자, 제사장, 왕)을 절정의 방식으로 수행하신다.

결론

성경이 승천 사건을 매우 적게 언급하는 것처럼 여겨질 수 있다. 나쁜 계획인 것처럼 보일지도 모른다. 의미가 불분명할 수도 있다. 승천 사건 자체가 비정상적인 것 같기도 하다. 그리고 부활에 이미 승천이 포함되어 있을 수도 있다. 하지만 승천은 궁극적으로 그리스도의 영구적인 중심성에 대해 질문을 제기한다. 만약 그리스도가 하늘로 가셨다면 그는 여전히 땅

도를 어떻게 하셨는지에 대한 완벽한 계시다. 따라서 그리스도인의 삶에서 이것은 다른 모든 것에 앞서 가장 중요하고 영광스러운 열매다." Andrew Murray, *The Holiest of All* (Springdale, PA: Whitaker House, 1996), 46.
5 Michael Horton, *People and Place: A Covenant Ecclesiology* (Louisville: Westminster John Knox, 2008), 3.

에서의 일에 토대가 되시는가? 아니면 우리는 현재 단순히 성령의 시대에 살고 있는가?

그리스도의 승천과 좌정에 관한 더 나은 서술과 신학적 재정비가 필요하다. 승천 없이 그리스도의 사역은 불완전하다. 승천이 없다면 다른 교리들이 서로 어긋나 맞지 않을 것이다. 승천 없이는 우리의 복음이 중요한 어떤 부위가 잘려 나간 메시지가 된다. 그리고 그리스도는 주님이시며 메시아라고 선포될 수 없다. 하나님의 아들은 땅에 머무시려고 오신 것이 아니다. 그가 오신 것은 다시 돌아가시기 위해, 그리고 또다시 돌아오시기 위함이다.

승천을 간과하지 말아야 하는 다섯 가지 이유

이 책의 나머지 부분에서는 우리가 절대 승천을 버릴 수도 없고 버려서도 안 된다고 논증하려 한다. 여기서는 승천을 등한시하면 안 되는 다섯 가지 중요한 이유를 살펴보겠다. 이 내용을 이해하면 메시아가 아버지께 올라가신 사건이 가지는 신학적 중요성을 설명하는 이 책의 나머지 부분을 이해하는 데에 도움이 될 것이다.

신약성경에서의 승천

성경에서 승천은 단 일곱 군데에만 서술되어 있고 "올라간다"는 헬라어 단어도 신약성경에는 나오지 않으므로, 이 자료만 보면 승천이 중요하지 않다고 오해할 수도 있다. 승천을 묘사하는 단어는 숱하게 많다. "(하늘로) 올라가심", "올려지심", "들어가심", "통해 가심", "앉으심", "하늘로 올려지심", 또는 "높이 되심"과 같이 예수님의 승천을 나타내는 단어들이 성경에 계속 등장한다.[6] 또한, 승천이 초래할 영향력에 대한 언급도 신, 구약성경에 즐비하다.[7] "승천"이라는 단어 자체는 나오지 않더라도 승귀와 승리의 개념이 성경 곳곳에 배어 있다. 신약성경에 적힌 모든 내용이 예수님의 삶, 죽음, 부활, '그리고 또한' 승천에서 기인한다.

누가만 승천을 직접 서술하는데 그렇다고 다른 복음서들이 승천이 빠뜨렸다고 볼 수는 없다. 마태의 수난기에 보면 예수님이 이 사건을 예견하셨다. "이후에 인자가 권능의 우편

---

6 "올라가심(to go up)": 요 3:13; 6:62; 20:17; 행 2:34; 엡 4:8-10; "올려지심(to go away)": 눅 24:51; 요 7:33; 8:14, 21; 13:33; 14:4; 16:5, 7, 10, 17; "들어가심(to go into)": 히 6:20; 9:12, 24; "승천하심(to go through)": 히 4:14; "가심(to go)": 요 14:2, 12, 28; 16:7, 28; 벧전 3:22; "하늘로 올려지심(to be taken up)": 눅 24:51; 행 1:2, 9, 11, 22; 딤전 3:16; "앉으심(to sit)": 엡 1:20; 히 1:4; 8:1; 10:12; 12:2; "높이 되심(to be exalted): 히 7:26.
7 여기서는 신약성경에 중점을 두겠다. 왜냐하면 책의 나머지 부분에서 어떻게 구약성경이 그리스도의 삼중직 가운데서 그의 승천을 암시하고 있는지를 보여 줄 것이기 때문이다.

에 앉아 있는 것과 하늘 구름을 타고 오는 것을 너희가 보리라 하시니(마 26:64)." 더 주목할 만한 것은, 마태복음의 끝부분(마 28:16-20)에 마태가 승천을 인정하고 있다는 두 가지 명백한 단서가 담겨 있다는 점이다. 첫째, 모든 족속에게 가라는 마태복음 28:16-20의 명령은 누가복음 24:47을 거울처럼 그대로 비추는데, 이 구절은 예수님이 승천과 관련해서 지시하신 내용이다. 둘째, 구약성경에 익숙한 독자들이라면 마태가 "하늘과 땅의 모든 권세를 내게 주셨으니(마 28:18)"라는 예수님의 마지막 말씀을 통해 간접적으로 승천을 언급하고 있음을 감지할 수 있다. 이는 인자와 승천이 기록된 다니엘 7:13-14을 암시한다.

마가복음의 결말도 충격과 놀람을 주지만, 크게 다르지 않다. 마가는 부활 후 무슨 일이 일어날지 의도적으로 독자들을 궁금하게 만드는데, 부활이라는 사건 자체가 그 후에 하실 일을 기대하게 하기도 한다(막 16:8). 요한복음에서는 승천을 가장 많이 언급한다. 인자와 아버지와의 독특한 관계, 그리고 어떻게 그가 아버지로부터 왔으며 그분에게 다시 돌아갈 것인지에 대해 강조한다. 예수님은 아버지께로 갈 것을 여섯 번 언급하시며(요 14:9, 12, 28; 16:10, 17, 28), 승천을 네 번(요 1:51; 3:13; 6:62; 20:17), 아버지께로 떠날 것을 한 번(요 13:1), 세상을 떠나 아버지께 갈 것을 한 번 언급하신다(요 16:28). 이 모든 것이 요한의 마음속에 승천이 얼마나 중요하게 자리 잡고 있었는지를 자연스럽게 알려 준다.

카를 바르트가 말하듯이 나머지 신약성경 역시 예수 그리스도의 승천을 회상하며 "이 지점에서 생각하고 말한다."[8] 신약성경 문서는 예수님의 사역에 대한 계시와 확증으로부터 생겨났다. 서신서에 승천이 나온다는 가장 확실한 표시는 주와 메시아라는 예수님을 부르는 호칭이다. 이 호칭은 모든 신약 저자들이 예수님을 묘사할 때 사용하는 명칭이 되었다. 예수님이 왕으로 좌정하셨기 때문에 이제 "주 예수님(Lord Jesus)" 또는 "예수 주님(Jesus the Lord)"이라고 인식되며, 많은 경우 단순히 "주님"으로(행 2:36) 이해되는 것이다. 예수님의 새 이름은 주님이고 메시아였는데 이는 그가 마땅히 높임을 받으셨기 때문이었다.[9]

그리스도의 승천에 대한 언급은 서신서들 전체에 퍼져 있다. 바울은 고린도전서 15장에서 부활과 승천을 함께 묶어 말한다. 15:1-2 아래 나오는 본문에서 바울은 그리스도가 현재 모든 능력과 권세 위에서 통치하고 계시며, 그리고 모든 원수를 그의 발아래 두실 때까지 통치하실 것이라고(고전 15:24-

---

8　Karl Barth, *Church Dogmatics* (Edinburgh: T&T Clark, 1932-1967), IV.15.2, 134.
9　특히 교회와 정사와 권세에 대해 권위를 가지신 예수님을 언급할 때는 또한 "머리"라고 부르기도 한다(엡 1:20-23; 골 1:18; 2:10).

25) 언급하면서 그리스도의 승천을 암시한다.[10]

고린도후서에서 바울은 그리스도의 심판대(seat of Christ)를 설명하며 예수님이 현재 보좌에 앉아 계심을 암시한다(고후 5:10). 에베소서는 주로 그리스도의 승리에 관심을 기울이며 어떻게 그가 하늘에 앉아 계신지를 계속 언급한다(엡 1:20; 2:6; 4:8-11). 그리스도의 낮아지심과 높아지심이 간결하게 기록된 빌립보서의 그 유명한 찬송시는 그리스도의 승천이 중심 내용이다(빌 2:5-11). 골로새서는 "거기는 그리스도께서 하나님 우편에 앉아 계시느니라(골 3:1)"라고 기술하여 독자들에게 위의 것을 찾으라고 명령한다. 디모데전서 3:16은 그리스도의 생애를 신조 형식으로 기록하고 있으며 그가 영광을 받으심(영광 가운데 올리우심)으로 끝난다. 히브리서는 높임받으신 대제사장으로서 그리스도가 하늘 성소에서 하시는 현재 사역을 주로 말하며(히 1:8; 4:14, 16; 6:19-20; 8:1; 9:12, 24; 12:2), 베드로전서는 그리스도인의 세례를 그리스도의 승천과 연결한다(벧전 3:21-22). 종합해 보면 승천은 서신서에서 매우 중요한 위치를 차지한다. 승천은 간과되지도, 무시되지도 않았다. 오히려 승천은 그리스도의 현재 사역과 미래 심판의 발판이요, 기독교 윤리의 기초가 되었다.

---

10 이 점은 필립 하월(Phillip Howell)이 나에게 언급해 주었다.

계시록에 나타난 요한의 환상도 그가 알현실(throne room)에서 본 그분을 중심으로 하는데(계 1:13), 이는 전혀 놀랍지 않다. 성령 가운데 요한은 보좌와 보좌에 앉으신 이를 보고, 그는 영광과 존귀와 권세를 받으신다(계 4:2, 9-10). 요한은 보좌와 네 생물 사이, 그리고 장로들 사이에 서 계신, 죽임당하신 어린양을 본다(계 5:6). 이 어린양은 하나님과 함께 있고 알현실에서 경배를 받으신다(계 5:13).[11]

비록 승천이 실질적 단어로 명시된 곳은 드물지만, 신약성경은 이것의 중요성을 당연하다고 가정한다. 신약 저자들은 모두 승천에 대한 반응으로 글을 썼으며, 그리고 승천을 중심으로 돌아보는 방식의 사고를 했다. 승천은 메시아의 높아지심과 승리를 드러냈고, 그의 지상 사역을 끝냈으며, 그리스도의 현재 주권을 보장했고, 천상의 경계를 허물었으며, 그로 인해 예수님이 성령을 부으시고 다시 오실 것을 맹세하신 사건이다. 신약성경 저자들은 이 사건을 통해 독자들을 위로하고, 거룩함으로 부르며, 또한 고난을 견디도록 돕는다. 그리스도의 승천 없이 기독교는 존재하지 않을 것이다.

---

11 요한계시록에서는 예수님의 승천과 보좌를 매우 많이 언급한다(계 12:5; 14:4; 20:4, 11; 22:1; 23:3).

초대 기독교 설교 속의 승천

신약성경 전체가 승천의 중심성에 대한 증거를 제시하는 중에 사도행전에도 초대 기독교 설교에서 그 증거가 나온다. 사도들이 예수님의 메시지를 설교했을 때 이들은 부활과 승천을 강조했다. 베드로는 설교 다섯 군데 모두에서 직간접적으로 승천을 언급했고, 그 외 사도행전에 나오는 설교 대부분에도 승천이 나온다.

베드로의 첫 설교는 사도행전의 나머지 설교의 기초를 놓아 주며 기독교 메시지를 가장 완전하게 요약한 설교 중 하나다. 여러 면에서 사도행전의 나머지 설교는 이 설교와 동일한 주제를 요약해 놓은 형태라 할 수 있다. 오순절 후 설교 때 베드로는 설교의 많은 부분을 그리스도의 부활과 승천에 할애했다. 다음 설교에서도 같은 점을 강조한다. 사도행전 3장에서 다리 저는 사람을 고친 후 베드로는 이 치유가 자신의 능력에서 온 것이 아니라 하나님께로부터 왔다고 설명한다. 그는 하나님이 만유를 회복하실 때까지는 하늘이 마땅히 예수님을 받아 두리라고(행 3:21) 확언한다. 4:10에서는 하나님이 죽은 자 가운데서 예수님을 살리심에 대해 이야기하고, 4:12에서는 다른 이름으로는 구원받을 수 없다고 말한다.

베드로가 두 번째 체포된 후에 한 말을 들어 보라. "[하나님이] 그를 오른손으로 높이사 임금과 구주로 삼으셨느니라 우리는 이 일에 증인이요 … 성령도 그러하니라(행 5:31-32)." 고넬료에게 한 베드로의 마지막 설교에는 메시아의 높아지심이 최소한 두 번 언급된다. 그는 예수님이 만유의 주라고 주장하며(행 10:36), 그리스도는 "하나님이 살아 있는 자와 죽은 자의 재판장으로 정하신 자"라고 기술한다(행 10:42).

바울의 설교도 베드로의 설교와 마찬가지로 승천에 초점을 맞춘다. 바울이 안디옥에서 한 첫 번째 설교는 누가가 제공하는 요약의 나머지 부분(행 13:16-41)에 대한 기반을 마련하고 정보를 준다. 바울은 시편 2편을 인용함으로써 그리스도의 승천을 설명한다. 시편 2:7에 나온 바와 같이 하나님이 예수님을 일으키사 예수님은 하나님의 아들이 되셨다. 이어지는 구절에서도 예수님의 승천에 대한 바울의 주제가 이어지지만 부정적인 관점에서 기술된다. 즉, 예수님이 썩음을 당하지 않으시리라는 것이다(행 13:34-37). 이는 베드로가 오순절 설교 때 인용했던 것과 똑같은 구절이다(행 2:25-28).

바울과 실라는 빌립보의 간수에게 주 예수를 믿으라고 말한다(행 16:31). 안디옥에서 이방인에게 설교했을 때조차 바울은 예수님의 부활과 승천을 두 번 언급한다(행 17:18, 31). 에베소에서 한 고별 설교에서는 주 예수께 대한 믿음을 언급한다(행 20:21). 요지는 초대 교회가 예수님을 선포할 때 그의 높아지심을 선포했다는 것이다.

정경 속 변환점으로서의 승천

셋째, 메시아의 승천은 성경 이야기의 열쇠인데, 이는 정경에서 차지하는 승천의 위치 때문이다. 승천은 누가복음 마지막과(눅 24:50-53) 사도행전 시작(행 1:9-11) 이렇게 불과 두 군데에서만 직접 서술되었는데, 이 위치는 꽤 중요하다. 만약 사도행전이 이 세상에서 하나님이 하시는 일에 대한 이야기의 새 국면으로 독자를 밀어 넣는다면, 이 변화의 중심은 그리스도의 떠나심이라 할 수 있다. 승천은 새 시대, 곧 새 언약의 시작을, 그리고 옛 시대의 종말을 표시한다.

성경은 승천을 기점으로 예수님의 시대에서 교회의 시대로 재빨리 초점을 바꾼다. 신약성경의 다른 모든 주제는 그리스도의 보좌에 앉으심과 아버지의 계획을 근거로 발전해 나간다. 로버트 마독스(Robert Maddox)가 "누가에게 승천은 기독론, 종말론, 그리고 교회론이 교차하는 지점이다"[12]라고 말했듯이 말이다.

따라서 그리스도의 승천과 천상 사역은 신약성경이 변화를 맞는 변환점, 즉 나머지 내러티브를 좌우하고 지휘하는 분수령이 된다고 할 수 있다. 이러한 정경 속 변환점이 어떻게 나머지 신약성경을 읽는 데에 영향을 주는지 몇 가지 탐구가 필

---

12 Robert Maddox, *The Purpose of Luke-Acts* (Edinburgh: T&T Clark, 1982), 10.

요하다.

첫째, 구원을 가져다주는 '복음'은 예수님의 만유 통치와 직접 관련되어 있다. 예수님은 우주의 왕으로 선포되었는데 이는 승천 때문에, 아마도 더 나은 설명으로는 승천 '가운데에' 일어난 일 때문이다. 이 인자는 모든 백성과 나라와 각 방언하는 자에게 섬김받기 위해 권세와 영광과 나라를 받으셨다(단 7:13-14). 그리스도의 높아지심과 통치는 그의 백성이 세상에 투입되게 하는 원동력일 뿐 아니라 그들이 전해야 하는 메시지이기도 했다. 토머스 토런스(Thomas F. Torrance)는 이렇게 말한다. "교회는 온 열방과 시대를 향해 복음을 전파하고자 승천으로 말미암아 세워진 시대 속에서 살고 일한다."[13]

둘째, 예수님의 통치 '장소'는 땅끝까지 뻗어 나가는 선교의 근거가 되었다. 신약성경의 나머지 부분이 본질적으로 다루는 이야기는 이러한 예수 공동체가 그리스-로마 세계 전체에 생겨나면서 겪는 성장과 분투에 관한 것이다. 이 예수 공동체는 예수님이 하늘에서 통치하시기 '때문에' 퍼져 나갈 수 있었다. 지리학적인 복음의 전파와 교회의 탄생은 그리스도가 하늘에서 하시는 우주적 통치와 분리될 수 없다. 그리스도

---

13 Thomas F. Torrance, *Atonement: The Person and Work of Christ*, ed. Robert T. Walker (Downers Grove, IL: IVP Academic, 2014), 304.

의 하늘 통치는 신약성경의 일차적 배경으로 작용하여 신약성경의 나머지 이야기에 대한 신학적이고 내러티브적인 관점을 형성한다. 승천 없이는 선교도 없을 것이다.

셋째, 승천하신 주님과 아버지는 자신의 백성에게 '성령을 보내셨다.' 신약성경의 나머지는 그리스도인들이 계속 성령 충만할 수 있는 방법을 설명하며 그렇게 되도록 격려한다. 이것은 오직 그리스도의 승천 때문에 일어날 수 있는 일이다. 베드로는 오순절 설교에서 예수님의 승천과 성령 보내심이 어떻게 서로 연결되었는지를 설명한다. "하나님이 오른손으로 예수를 높이시매 그가 약속하신 성령을 아버지께 받아서 너희가 보고 듣는 이것을 부어 주셨느니라(행 2:33)."

신조 속의 승천

메시아의 승천을 소홀히 하면 안 되는 네 번째 이유는 믿음의 선조들이 이것을 초기 신조에 중심적이고 기본적인 것으로 만들어 두었기 때문이다. 초대 기독교인들은 그리스도가 하신 일을 요약 형태로 기록할 때마다 항상 승천을 포함하였다.

사도신경(AD 120-250)에는 예수님의 사역 이야기가 요약되어 있고 거기에 승천도 포함된다. "하늘에 오르사, 전능하신 하나님 우편에 앉아 계시다가." 초기 신조에 따르면 예수님의 사역은 승천과 천상 사역에서 그 절정을 이루며, 바로 이 하늘 보좌에서 다시 오셔서 산 자와 죽은 자를 심판하실 것이다. 니케아 신조(AD 325)도 이와 비슷하게 그리스도의 사역을 그리고, 이 그리스도의 사역의 절정과 결말이 승천이다. 아들이 성육신하시고, 고난받으시며, 죽은 자 가운데 다시 살아나시며 "하늘에 오르셨다. 후에 그는 산 자와 죽은 자를 심판하러 오실 것이다."

제1차 콘스탄티노플 공의회(AD 381)의 신조는 그의 성육신, 탄생, 십자가에 달리심, 장사, 그리고 부활 사건을 그린다. 또한 메시아의 승천 역시 간과하지 않는다. "그가 하늘에 오르사 하나님 우편에 앉아 계시며 저리로서 영광 가운데 다시 오셔서 산 자와 죽은 자를 심판하러 오실 것이다. 그의 왕국은 끝이 없다." 칼케돈 신경(AD 451)은 그리스도의 두 가지 본성에 초점을 맞추며, 따라서 그리스도의 생애에 관한 서술은 담고 있지 않다. 아타나시우스 신경(AD 500)은 삼위일체 교리와 기독론에 중점을 두지만, 그리스도의 생애도 요약해서 담았다. 이전의 신조들과 마찬가지로 아타나시우스 신경도 그리스도의 하늘 보좌에서의 통치 내용을 포함한다. "그는 하늘에 오르사 전능하신 하나님 아버지 우편에 앉아 계시다가 저리로서 산 자와 죽은 자를 심판하러 오실 것이다."

개신교의 주요 고백들 역시 그 교리에 승천을 진술한다. 아우크스부르크 신앙 고백(AD 1530)은 예수님이 "하늘에 오르사 하나님 오른편에 앉아 계신다"라고 기록한다. 제1 스위스 신앙 고백(AD 1536)은 "그의 몸은 죽음에서 살아나사 전능하신 아버지 우편에 가셨으며"라고 말한다. 스코틀랜드 신앙 고백(AD 1560)은 그리스도가 "모든 일을 이루시기 위해 하늘로 올라가셨으며, 그곳에서 우리의 이름으로, 또한 우리를 위로 하시기 위해 하늘과 땅의 모든 권세를 받으셨고 아버지의 오른편에 앉아 계신다"라고 주장한다.

요약하면, 교회가 신조로 그리스도의 사역에 대한 기본적인 내용을 기록할 때는 '언제나' 승천이 포함되어 있다. 승천과 좌정은 그리스도 이야기의 승리를 나타낸다. 초대 그리스도인들은 신앙 고백 문서를 작성할 때 결코 그리스도의 높아지심을 간과하거나 무시한 적이 없다. 그리스도의 승천과 좌정은 언제나 그리스도의 부활 다음에, 그리고 그가 산 자와 죽은 자를 심판하러 다시 오실 것이라는 진술 전에 기록되어 있다.

신학과 실천 속에서의 승천

메시아의 승천이 필수적인 마지막 이유는 다른 교리들과의 관계 및 실제적 중요성 때문이다. 이 책 마지막 장에서 승천과 다른 교리들과의 관계를 더 깊이 다루겠으나 지금은 승천이 근본적으로 삼위일체적 실체과 관련되어 있음을 인식하는 것이 중요하다. 예수님은 승천하셔서 아버지께로 돌아가셨고(요

16:28; 20:17), 아버지와 아들 모두 우리에게 성령을 부어 주셨다(행 2:33). 우리가 이 일의 기독론적 중심성이나 삼위일체적 본질을 무시한 채 성경을 읽는다면 이는 시작부터 근본적으로 왜곡된 성경 읽기가 될 것이다.

실천적 단계에서 승천은 개인적으로나 공동체적으로나 그 적용 범위가 넓다. 교회는 새로 취득한 이 시민권을 그리스도의 부재에 대한 반응으로, 또한 그가 왕과 심판자로 다시 오실 기대 속에서 행사한다. 사도행전 1:11에 나오는 천사 두 명은 예수님이 하늘에 올라가신 것과 똑같은 모습으로 다시 오실 것이라고 선포하였다. 토런스는 이렇게 말한다. "예수 그리스도는 역사 속에서 우리와 동시대인으로서 가시적이고 직접적인 접촉을 이어 가지 않으시고 대신 역사의 과정과 조직적 패턴 속에서 하나님의 백성을 하나의 일관된 몸으로 세우신다."[14] 그리스도의 왕국은 여기에 있고, 진전되고 있으며, 다시 올 것이다. 그리스도의 왕국은 성령을 통해 교회의 사역 속에서 지역화된다.

승천은 그 범위가 우주적이고(예수님이 하늘에서 통치), 정치적이며(예수님이 주 되심), 예배적이다(교회는 이 사건을 성례 의식 가운데 행함). 예수님이 하늘과 땅을 통치하심은 우리가 땅

---

14 Torrance, *Atonement*, 295.

에서 증언하는 사역의 근본이 된다. 우리는 다른 이들에게 그의 주권 앞에 절하라고 말한다. 그리고 교회의 행동은 그리스도의 내려오고 올라가신 패턴을 그대로 모방한다. 우리는 다시 올라가기 위해 바닥으로 내려간다. 영화되기 위해 고난을 받는다. 용납받기 위해 희생한다. 하나님의 임재를 경험하기 위해 다른 사람들의 짐을 진다. 그리스도와 함께 올라가기 위해 그와 함께 내려간다. 그리스도는 우리의 형제이며 우리는 그를 따라 완전한 삶으로 들어간다.

결론

메시아의 승천은 그러므로 성경의 어느 부분을 읽을 때나 매우 중요하다. 이것은 그리스도의 사역의 성격이 바뀌는 매우 중요한 전환점과 같다. 간과되기 쉽고 심지어 무시되기도 쉽지만, 그리스도의 승천은 신약성경과 초기 신조, 초기 기독교 설교, 그리고 예수님 시대에서 교회 시대로의 전환에 있어서 중심 역할을 하며 신학적이고 실천적인 중요성을 지닌다.

왜곡된 방식의 성경 읽기를 방지하기 위해 나는 이 책의 나머지 부분에서는 승천하신 메시아라는 주제 아래 그리스도의 삼중직을 살펴보려고 한다. 승천은 그리스도의 지상 사역을 완성했고 메시아의 삼중직에 있어 변환점과 절정이 되었다. 승천은 그리스도의 사역을 확증해 줄 뿐 아니라 또한 '지속해' 준다. 그리스도는 한때 지상에서 일하셨으나 지금은 하늘에서 일하신다. 예수님은 전에도 이 지위를 가지고 계셨으나 하늘에 좌정하심으로써 "그의 내재하는 신성이 확정적으로, 그리고 반박할 수 없게 선포되었다."[15]

이어지는 장에서 다룰 내용의 간략한 개요는 다음과 같다.

1. 예수님의 선지자, 제사장, 그리고 지상의 왕 되심을 증명할 것이다.
2. 구약에서의 선지자, 제사장, 왕의 모습을 간략히 검토할 것이며, 어떻게 그리스도의 사역이 이 역할들을 완성하는지 그 범주들을 제시할 것이다.
3. 이 직분들에 곧 변화가 생길 것을 암시하는 구약성경의 이야기들을 살펴볼 것이다.
4. 메시아의 사역에서 승천이 어떻게 변환점이 되는지 설명하여 그가 현재 하늘에서 이 직분들을 완수하고 계심을 보일 것이다.
5. 교회가 메시아의 승천 후 그의 삼중직을 어떻게 이어 나가고 확장하는지 살펴볼 것이다.

15　Webster, *Domain of the Word*, 34.

2장
선지자의 승천: 그의 교회를 세우심

내가 너희를 고아와 같이 버려두지 아니하고 너희에게로 오리라 _요 14:18

자기를 따르는 자들에게 힘을 주심

〈후크〉(Hook)는 내가 매우 좋아하는 영화 중 하나다. 나는 이 영화를 여태껏 정말 많이 보았다. 이 영화는 네버랜드에서 살았던, 자기의 과거를 잊어버린 사업가 피터 배닝에 관한 이야기다. 후크 선장은 옛날에 자기의 강적이었던 피터를 다시 돌아오게 하려고 피터의 아이들을 네버랜드로 데리고 간다.

피터는 네버랜드로 돌아가 자신의 옛 자아를 기억해야 한다. 피터가 없는 사이 새 지도자 루피오가 통솔권을 가졌다. 피터는 로스트 보이즈의 지도 아래 훈련을 받는다. 이들은 피터가 체력을 회복하도록 도와주고 퇴색한 그의 상상력을 자극해 준다.

훈련은 피터가 나는 법을 다시 배우는 날에 절정에 도달한다. 피터가 하늘로 날아오르자 루피오는 이제 능력이 옮겨 갈 때가 되었음을 깨닫는다.[1] 루피오는 절정의 순간에 피터의 발 앞에 무릎을 꿇고 그에게 자기의 옛 검을 내준다. 그리고 일어나 이렇게 말한다. "당신은 팬입니다. 당신은 날 수 있고, 싸울 수 있고, 소리칠 수 있습니다." 그러고는 피터 팬 주위를 돌며 춤추고 소리치는 로스트 보이즈에 합류한다.

이것이 승천 장면이다. 이다음에는 힘을 주고 세우는 일이 뒤따른다. 루피오가 검을 건넬 때 로스트 보이즈는 자신들이 지도자 아래에서 누렸던 옛 영광의 때로 다시 결합된다. 피터가 예전의 영광으로 날아오르는 것은 그의 소명을 끝나게 하지 않았다. 오히려 그의 역할을 완성해 주었다. 피터는 자기 주위로 모여드는 로스트 보이즈에 합류하는데, 이제는 다른 방식으로 한다. 그는 더 이상 피터 배닝이 아니라 피터 팬이다.

그러나 피터는 혼자 가서 후크 선장과 싸우지 않는다. 리더의 자리에 오른 그는 로스트 보이즈가 네버랜드에서 그의 리

---

[1] 사무엘 제임스(Samuel James)가 이 장면을 떠올리도록 도와주었다.

더쉽 아래에서 그의 임무를 대신 수행하도록 힘을 준다. 피터는 로스트 보이즈들 가운데 임재하기도 하고 그들의 경험을 초월하기도 한다. 그는, 그리고 오직 그만이 날 수 있다. 로스트 보이즈는 이제 그들 가운데서 힘차게 날아오르는 리더의 권위를 누리며 자신감을 가지고 나아갈 수 있는데, 이는 그들의 리더가 모든 권세와 통치권과 능력을 부여받았기 때문이다.

몇몇 군데에서 비유가 좀 안 맞기는 하지만 이 장면은 그리스도가 선지자로서 승천할 때 일어나는 일을 잘 보여 준다. 예수님은 승천하시면서 능력을 받으셨다. 이 일은 그의 선지자적 사역을 중단시키지 않았다. 그의 선지자적 사명은 새로운 방식으로 실현되었다. 하늘로 오르시며 그는 자기 백성에게 능력을 부여하셨고 자신의 절대 명령 아래 이들을 연합시키셨다. 자기 백성에게 자신의 영을 주셨고, 이들이 나아가 그의 선지자적 임무를 수행할 권한을 주셨다.

따라서 승천은 그리스도의 선지자적 임두를 마무리 짓는, 또는 완성하는 일이라고 할 수 있으며 또한 새 시대를 시작하는 일이라고도 할 수 있다. 그리스도의 임재가 성령을 통해 이루어졌기 때문에 이제 그의 백성은 힘을 받아 그의 선지자적 임무를 지속할 수 있다. 우리는 이야기 속에서의 승천의 위치를 더 이해해야 할 필요가 있는데 이는 그리스도의 선지자적 임무가 아직 끝나지 않았으며, 승천을 통해 더 힘찬 국면으로 접어들었기 때문이다.

선지자 예수님

예수님이 이 땅에서 사셨을 때 사람들은 그를 어떻게 바라보았을까? 예수님이 사람들을 고치시며 하나님 나라를 선포하셨을 때 사람들의 마음속에는 어떤 그림이 떠올랐을까? 기독교인들은 아마도 예수님을 하나님의 아들, 삼위 중 둘째 인격으로 인간의 육체를 입으신, 진정한 하나님이자 진정한 인간을 떠올릴 것이다. 그는 그리스도요, 메시아이시다. 이것이 자연스럽다. 왜냐하면 서신서 저자들은 예수님을 선지자라고 명시적으로 언급하는 경우가 아예 없거나, 거의 없기 때문이다. 그는 계속 메시아라는 이름으로 불린다.

하지만 이것은 유대인들이 갈릴리 나사렛의 먼지 덮인 길을 터덜터덜 걸어오시는 예수님을 처음 보았을 때 했던 생각이 아니다. 그들에게는 예수님에게 적용할 만한 카테고리가 있었는데 그것은 "하나님의 아들"이나 "그리스도"가 아니었다. 예수님에 대한 반응이 분명 다양하기는 했지만 1세기의 그 사람들의 마음에 떠올랐던 가장 중요한 개념은 '선지자'로서의 예수님이었다.

복음서 저자들은 예수님을 책 처음부터 마지막까지 선지자로 그린다. 네 편의 복음서가 서로 많이 다르지만 이 책들은 모두 세례 요한을 예수님의 선구자로 묘사하면서 시작된다. 세례 요한이 선지자라는 점은 독특한 방식으로 그려진다. 그는 선지자의 일을 수행했고(마 3:1; 막 1:4; 6:14; 요 1:15), 선지자처럼 입었으며(마 3:4; 막 1:6), 군중과 제자들은 그를 선지자로 보았고(마 21:26; 막 8:28; 11:32; 눅 9:19; 20:6), 예수님은 이 세례자를 다른 선지자들과 연관 지으셨다(마 16:14). 복음서 저자들에게 있어서 세례 요한은 선지자 예수님의 길을 예비한 자였다. 요한은 구약의 마지막 선지자였고 예수님의 선지자적 사역은 새 시대를 열었다.

예수님은 또한 자신의 입으로 직접 자신이 선지자이심을 확실히 말씀하셨다. "선지자가 자기 고향과 자기 집 외에서는 존경을 받지 않음이 없느니라(마 13:57; 막 6:4; 눅 4:24; 요 4:44도 보라)." 예수님은 누가복음 4장에서 이사야 61장을 인용하시며 주 여호와의 영이 하나님의 좋은 소식을 선포하게 하시려고 그에게 기름을 부으셨다고 말씀하신다. 군중은 계속 예수님을 선지자로 분류한다. 예수님이 죽은 자를 살리셨을 때 군중은 "큰 선지자가 우리 가운데 일어나셨다(눅 7:16)"라고 외치며 하나님께 영광을 돌린다. 예수님이 예루살렘에 들어가셨을 때 온 성이 이 사람이 누구인지 물었다. 무리는 "갈릴리 나사렛에서 나온 선지자 예수라(마 21:11)"라고 대답했다. 예수님이 제자들에게 사람들이 자신을 무엇이라고 말하는지 물으시자 그들은 "더러는 세례 요한, 더러는 엘리야, 어떤 이는 예레미야나 선지자 중의 하나라 하나이다(마 16:14; 막 8:28도 보라)"라고 대답했다.

요약하면, 예수님은 선지자 이상으로 이 땅에 오셨지만, 그 이하도 아니셨다. 톰 라이트(N. T. Wright)에 의하면 그는 "옛 선지자처럼, 이스라엘과 언약을 맺으신 하나님의 말씀을 가지고 이스라엘에 오셨으며, 이스라엘이 가고 있던 방향이 가져올 임박한, 그리고 두려운 결과를 경고하고자 오셨고, 새롭고 다른 방향으로 이스라엘을 권고하고 부르려고 오셨다."[2] 그는 약속된 선지자의 역할(신 18:18)을 완성하기 위해 오셨고, 자신이 선지자라고 확실히 말씀하셨으며, 군중과 종교 지도자들은 그를 다른 무엇보다도 선지자로 인식했다. 만약 예수님의 승천이 예수님에게 그의 삼중직 권한을 부여하고 보증한다면 우리는 어떻게 예수님의 선지자 사역이 승천을 통해 바뀌었는지 꼭 물어보아야 할 것이다.

---

2 N. T. Wright, *Jesus and the Victory of God* (Minneapolis: Fortress, 1996), 163.

선지자의 초상

예수님이 어떻게 승천 때 선지자의 역할을 완성하셨고 심지어 확장하셨는지를 알려면 구약성경에서 선지자의 임무에 대한 이해를 얻고, 어떻게 구약의 선지자들이 더 나은 선지자가 오실 날을 기대했는지를 아는 것이 중요하다. 선지자에 대해서는 여러 가지 묘사나 설명이 있을 수 있겠지만 나는 세 가지만 말하고자 한다. 곧, 선지자가 하나님의 영으로부터 능력을 부여받았다는 것, 하나님의 말씀을 선포했다는 것, 그리고 기사와 표적을 행했다는 점이다.

첫째, 선지자들은 하나님의 임재를 깊이 체험했으며 하나님의 영으로부터 능력을 부여받았다. 아담과 하와는 창조 때 하나님의 생기를 받았다(창 2:7). 그들은 둘 다 나가서 모든 피조물 가운데 하나님의 대변인이 되어야 했다. 민수기 11:17은 하나님의 영이 모세에게 임했다고 설명한다. 모세는 심지어 여호와께서 칠십 인에게 그렇게 하셨듯이 그의 영을 모든 백성에게 주시기를 원한다고 외치기까지 했다(민 11:29). 여호와는 이사야 선지자에게 자신의 영이 이사야에게 임했으며 그러므로 그분의 말씀이 그 안에 있다고 언급하셨다.

곧 네 위에 있는 나의 영과 네 입에 둔 나의 말이 이제부터 영원하도록 네 입에서와 네 후손의 입에서와 네 후손의 후손의 입에서 떠나지 아니하리라 하시니라 여호와의 말씀이니라(사 59:21)

여호와가 에스겔에게 말씀하셨을 때 그 영이 에스겔에게 임하셨다(겔 2:2; 3:24). 다니엘은 거룩한 하나님의 영을 가지고 있었다(단 4:8-9, 18; 5:11, 14). 마지막으로, 미가는 여호와의 영으로 충만해졌다고 선언했다(미 3:8). 선지자들은 여호와를 대신하여 그의 임무를 수행하기 위해 하나님의 영을 받은 사람들이었다. 하나님의 임재로 충만해졌을 때 그들은 하나님의 말씀을 전했고, 그들의 사역을 입증하시는 하나님의 표적을 행했다.

둘째, 선지자들은 하나님의 말씀을 선포했다. 그들은 진리를 말하는 자들이었고, 하나님께로부터 오는 메시지를 전했다. 모세는 부르심을 받았을 때 자신이 본래 말을 잘하지 못한다는 이유로 망설였으나 하나님은 자신이 모세에게 그의 입과 함께 있어서 할 말을 가르치겠다고 말씀하셨다(출 4:10-12). 여호와가 사무엘을 부르셨을 때, 본문은 이렇게 말한다. "여호와께서 그와 함께 계셔서 그의 말이 하나도 땅에 떨어지지 않게 하시니(삼상 3:19)." 핀 숯이 이사야의 입술에 닿았을 때, 그는 하나님의 말씀을 이스라엘 사람들에게 '전하라는' 명령을 들었다(사 6:6-9). 여호와는 예레미야에게 그를 모태에

짓기 전에 아셨고, 선지자로 태어나기 전부터 성별하였다고 말씀하셨다. 하지만 예레미야는 "나는 아이라 말할 줄을 알지 못하나이다(렘 1:5-6)"라고 대답했다. 하나님은 자신이 하는 말은 무엇이든 그가 말할 것이라고 이야기하시며 예레미야의 입을 만지시고, 그에게 자신의 말씀을 주셨다(렘 1:7-9). 에스겔은 패역한 백성을 향해 보냄을 받았고 그들에게 하나님의 말씀을 전하라는 명령을 받았다(겔 2:3-4). 따라서 선지자의 초상은 반드시 말씀을 전하는 소명에서부터 시작되어야 한다. 선지자들은 이스라엘의 소망과 '이스라엘이 여호와와 세운 언약을 소홀히 여길 시 받게 될 재앙' 이 두 가지 모두에 관련된 메시지를 전했다. 다른 나라들을 향해서도 그들이 만약 하나님께 충성한다면 축복이 그들에게 임할 것이지만 이방 나라의 신들을 섬기기 시작하면 저주를 받을 것이라고 선포했다.

셋째, 선지자들은 표적과 기사를 행했다. 모세는 그가 행한 표적과 기사로 잘 알려졌다(출 4:30; 11:10). 사실 이스라엘의 선지자로 부르심을 받았을 때, 모세는 표적을 받았는데 이는 이스라엘이 그의 목소리를 듣고 믿을 수 있도록 하기 위함이었다(출 4:1-9). 후에 예레미야는 여호와가 표적과 기사로 이스라엘을 애굽에서 인도하여 내셨다고 회상한다(렘 32:21). 엘리야는 여러 기적을 행했다. 그는 비를 멈추게 했고, 죽은 과 부의 아들을 살렸으며, 굶주린 자들에게 음식을 주었고, 하늘에서 불이 내리게 했으며, 요단강을 갈랐다. 엘리사는 수넴 여인의 죽은 아들이 일어나게 했고, 도끼날이 물에 떠오르게 했으며, 시리아 군대를 쳐서 눈을 어둡게 했다가 다시 열리게도 했다. 즉, 선지자들은 하나님의 말씀을 선포했을 뿐 아니라 기사와 표적으로 이 말씀을 확증하기도 했다.

이 선지자들이 중요한 인물이기는 하지만 구약성경은 이 직분에 아직 부족함을 남겨 둔다. 이 선지자의 모습들은 더 완전한 의미로 선지자 직을 수행할 또 다른 선지자가 올 때를 계속해서 가리키고 있었다. 하나님께서 자기 선지자들에게 힘을 부어 주셔서 자기의 말을 전하도록 하셨지만, 선지자 역할에는 부족한 감이 있었다. 거짓 선지자들이 나타나기도 했고, 사람들이 선지자의 목소리에 귀 기울이지 않기도 했으며, 선지자의 임무는 일부 사람들에게 국한되어 있기도 했다. 모든 사람이 선지자들처럼 하나님의 말을 한 것도 아니었다. 민수기 11:29에서 모세는 이렇게 외쳤다. "여호와께서 그의 영을 그의 모든 백성에게 주사 다 선지자가 되게 하시기를 원하노라." 이스라엘은 언젠가 하나님이 또 다른 선지자 하나를 일으키실 날을 기대하고 있었다(신 18:15).[3] 성령의 사역이 실

---

3 이 본문은 분명 그리스도의 성육신을 가리키고 있기는 하나 이를 예수님의 승천이라는

현될 새로운 날이 다가오고 있었던 것이다.

따라서 이 모든 속성은 예수님의 '선지자' 되심과 잘 맞지만, 또한 이런 선지자의 표시들이 새 시대에 들어가게 될 미래의 날을 가리키기도 한다. 우리는 그리스도의 선지자적 사역의 절정이 그가 지상에 계실 계실 때라고 제한하는 경향이 있지만 성경의 저자들은 그리스도의 사역을 전체적으로 바라본다. 그들은 의도적으로 그리스도의 선지자적 사역을 지상에서의 삶에서부터 하늘에서의 계속되는 삶으로까지 확대한다. 구약성경에는 이미 이런 변화가 일어날 것을 알려 주는 암시적 이야기들이 나온다. 이제 이 이야기들을 살펴보자.

선지자의 승천을 암시하는 이야기들

예수님은 지상에 계실 때 구약 선지자의 역할을 완성하신 선지자로 알려졌다. 메시아의 승천 후에도 이 역할은 중단되지 않았다. 변화가 일어났으나, 이는 예견된 변화였다. 구약성경의 중요한 암시적 이야기들을 보면 그리스도의 선지자적 사역에 변화가 일어나리라는 것을 기대할 수 있다.

면으로 해석할 수도 있다.

구약성경은 승계, 권력 이동, 그리고 승천에 대한 암시적 이야기들로 독자들을 준비시킨다. 이 암시적 이야기들은 모두 선지자의 임무가 새 시대에 돌입하게 될 미래의 때가 다가오고 있음을 기대하게 해 준다. 새로운 선지자가 일어날 것이며, 그가 하나님께 올라갈 때 선지자의 모습을 완성하리라는 것이다. 이러한 승천 이야기들은 선지자의 임무가 모든 사람에게 적용될 것임을 예표하는 주제들과 공명한다.

산 위의 아담과 하와

성경 맨 첫 장에서부터 하나님은 자신의 숨(영)을 인류에게 전해 주셔서 그들이 하나님의 동역자가 되게 하시고, 그래서 하나님의 창조물을 다스리고 모든 피조물을 향해 선지자의 목소리를 내도록 하셨다. 이것이 선지자적 임무의 변화를 나타내는 사건같이 보이지 않겠지만, 태초에는 오직 하나님만 말씀하셨다는 사실을 독자들은 기억해야 한다. 창조 후에 변화가 일어난 것이다. 하나님은 선지자의 말하는 임무를 자신의 형상(남자와 여자)에게 부여하셨다. 이들은 동물의 이름을 지었고, 아담은 하와가 자신에게 잘 맞는다고 선포했다.

주목할 만한 것은, 아담과 하와가 산에서, 그러니까 높은 곳에서 하나님의 말씀과 영을 받았다는 것이다. 창세기 2:8-14에서는 강 하나가 에덴에서 밑으로 흘러나와 거기서부터 갈라져 다른 강의 근원이 된다고 설명한다. 에스겔도 이와 같은 지형을 확인하며 에덴을 하나님의 정원이요 하나님의 거룩한 산이라고 부른다(겔 28:13-14). 요엘 2:1-3은 시온산이 에덴동산과 같다고 말한다. 즉, 에덴은 거룩한 하나님의 하늘-땅이요, 산-성전이었던 것이다. 산 정상에서 아담과 하와는 하나님의 말씀과 숨을 받았다. 이 말씀을 가지고 그들은 가서 전 창조 세계에 하나님이 말씀하신 축복을 전해 주어야 했다. 이들은 에덴에서 내려가 그 말씀을 더 확대해야 했다.

즉 성경 맨 처음의 몇 장에서 이미 하나님은 분명히 자신의 선지자적 목소리가 확대되어 자기 백성에게 부여되리라고 알려 주셨다. 성경 이야기의 시작 때 하나님은 '높은 곳'에서, 자기 백성에게 말씀을 주셔서 이들이 말과 행동으로 하나님의 통치의 목소리를 전달하고, 이로써 하나님의 말씀이 모든 사람을 위한 것이 되도록 하셨다. 죄가 들어오고 인간이 부패해서 이들의 선지자적 임무가 변질되었지만, 하나님은 계속해서 은혜 가운데 인간을 자신의 대변자로 사용하셨다. 미래에 한 인간이 올 것이며, 그는 하늘에 올라가 선지자적 소망을 완전히 완성할 것이다.

모세와 시내산

하나님의 말씀이 모든 사람을 위한 것이 되리라는 점은 모세가 산에 올라가 율법을 받을 때도 드러난다. 비록 모세 혼자만 산에 오르기는 했지만, 그 목적은 하나님의 선지지적 음성이 땅 아래로 내려오게 하기 위함임을 율법 안에서 발견할 수 있다. 모세는 하나님의 말씀을 가지고 내려오기 위해 올라갔다. 그리고 산에서 내려와 하나님의 율법을 사람들에게 전달했고 하나님의 임재를 가져다주었다. 비록 하나님의 임재는 반드시 규제되어야 함을 율법이 명시했으나 모세는 여전히 하나님의 선지자적 말씀을 전했고, 하나님의 임재를 중재했던 것이다.

선지자의 초상에서 이미 살펴보았듯이, 선지자들은 성령을 가지고 있었고 하나님의 말씀을 전했다. 모세 시대 전에 하나님의 말씀은 하나님의 백성에게 다른 여러 시각에, 여러 장소에서 임했다. 그러나 율법은 하나님의 뜻이 기록되어 모든 사람이 따를 수 있게 되는 새 시대의 도래를 나타냈다. 모세가 하나님의 임재 가운데 올라가 하나님의 말씀을 전달했듯이 예수님도 하나님의 임재로 올라가 하나님의 말씀을 확증하셨다.

모세가 산으로 올라간 후에도 그의 선지자 역할은 중단되지 않았다. 오히려 그는 하나님의 말씀을 자기 민족에게 전하기 위해, 그래서 그들이 모든 족속에게 복을 줄 수 있도록 산에 올랐다. 민족 전체가 이 하나님의 율법을 삶으로 표현해야 했고 그렇게 함으로써 이들은 주변 세상에 선지자로서 행동해야 했다. 이런 식으로 모세는 하나님의 말씀을 하나님의 백성에게 전달하고 중재했다. 그리고 이제 하나님의 백성이 이 언약에 충성할 책임을 이어 갔다.

아담과 하와의 이야기와 모세가 시내산에 올라간 이야기 모두에서 한 가지 공통 패턴을 발견할 수 있는데, 그것은 각각의 이야기 속에 부패가 침투해 들어왔다는 것이다. 아담과 하와는 다른 목소리를 들었고, 이로써 그들의 선지자적 임무는 변질되었다. 시내산에서, 그리고 그 후에, 백성은 하나님의 선지자적 목소리를 전하여 다른 민족들을 복되게 하는 자신의 의무를 저버림으로써 계속해서 죄를 지었다. 하나님의 목표는 자신의 선지자적 목소리를 모든 사람이 듣게 하시는 것이었다. 구약성경은 이 패턴이 성취되고 완성되어 승천의 이야기와 합쳐질 미래의 때를 바라본다.

엘리야가 하늘에 오르며 엘리사에게 성령을 줌

마지막으로 살펴볼 선지자적 능력과 관련된 주요 승천 이야기는 열왕기하 2장에 나온다. 굳은 마음의 이스라엘에 보냄을 받은 위대한 선지자 엘리야는 절정의 순간에 회오리바람에 붙들려 하늘로 올라가고, 그의 후배 선지자 엘리사는 엘리야가 가진 성령의 역사의 갑절을 받는다. 이 장면에까지 이르는 여정이 중요하다.

엘리사가 엘리야에게 그가 가진 영감의 갑절을 달라고 했을 때, 엘리야는 엘리사가 어려운 일을 구한다고 답했다. 하지만 엘리야는 또한 이 일이 가능하다고 말하면서 신기하게도 이를 엘리사가 엘리야의 승천을 '목격하는' 것과 연관시킨다. 영감의 갑절을 받는 일은 오직 엘리야가 엘리사를 떠나는 장면을 목격해야만 가능하다는 것이다. 그렇게 보아야만 그는 엘리야의 영감을 받을 것이고, 보지 않으면 받지 못할 것이다(왕하 2:10).

불수레 두 대가 홀연히 엘리야와 엘리사를 가르고, 엘리야는 엘리사가 바라보는 가운데 회오리바람을 타고 하늘로 올라간다. 불, 바람, 그리고 승천이 다시금 선지자의 능력이 옮겨 가는 장면에 등장한다. 엘리야가 불마차를 타고 올라갈 때 그의 겉옷이 떨어졌고, 엘리야는 그 겉옷을 주워 물을 내리쳤는데, 이에 물이 둘로 갈라졌다. 선지자의 제자들이 이것을 보며 이렇게 말했다. "성령이 하시는 역사가 엘리사 위에 머물렀다(왕하 2:15)." 이것은 승천, 증인 됨, 또한 계승의 이야기다. 엘리사가 엘리야의 승천을 보았기 때문에, 또한 그의 겉옷을 받았기 때문에, 선지자의 영이 엘리사에게 임했던 것이다.

독자들은 이 이야기에 비추어 사도행전 1:9-11을 읽어야 할 것이며 제자들이 그리스도의 승천을 바라본 일에 강조점이 있음을 주목해야 할 것이다.

이 말씀을 마치시고 그들이 '보는데' 올려져 가시니 구름이 그를 가리어 보이지 않게 하더라 올라가실 때에 제자들이 자세히 하늘을 '쳐다보고' 있는데 흰옷 입은 두 사람이 그들 곁에 서서 이르되 갈릴리 사람들아 어찌하여 서서 하늘을 '쳐다보느냐' 너희 가운데서 하늘로 올려지신 이 예수는 하늘로 가심을 본 그대로 오시리라 하였느니라

제자들은 [예수님을] 보았고, 하늘을 쳐다보았는데, 그러자 두 천사가 와서 예수님이 올라가신 그대로 오실 것이라고 말했다. [에덴]동산으로 가는 길을 화염검을 든 그룹들이 막고 있었다면, 이 두 천사는 예수님이 이 길을 활짝 여셨음을 선포한 것이었다. 예수님의 선지자적인 영은 제자들이 다락방에 갔을 때 그들에게 부어졌고, 거기서 그들은 위로부터 능력을 받았다. 그때 제자들은 예루살렘과 온 유대와 사마리아, 그리고 땅끝까지 이르러(행 1:8) 예수님의 선지자적 증인이 되었다. 성령으로 충만해져 열방으로 보내질 때가 이제 도래한 것이다.

결론

더 많은 사건을 이야기할 수 있겠지만, 구약성경의 이 세 가지 사건은 하나님의 선지자적 사역이 언제나 인간을 포함하

고 있음을 보여 준다. 아담과 하와는 지상에서 하나님의 선지자적 목소리를 냈어야 했고, 이스라엘은 열방의 빛이 되어야 했다. 엘리야와 엘리사는 이스라엘 민족을 다시 언약 가운데로 부르는 임무를 받았다. 각 사건에서는 이 임무와 성령의 선물이 모든 사람에게 주어지는 것이 승천과 연결되어 있다. 하지만 무언가가 심각하게 잘못되어 있다는 점도 명백하다. 바로 사람들이 좀 더 완전한 방식으로 성령을 필요로 한다는 점이다.

그리스도는 지상에서 하나님의 말씀을 전하고, 표적과 기사를 행하며, 성령을 소유하신 '선지자'로 오셨다. 그분은 기름 부음을 받은 '바로 그' 선지자가 되심으로써 옛 언약을 완성하셨다. 그러나 그는 또한 자신이 떠난 후에도 선지자적 임무가 계속되어 그 임무가 자신의 백성에게로 옮겨질 미래의 때가 오리라고 약속하셨다. 이것은 그가 선지자적 임무에 관여하지 않으실 것이라는 뜻이 아니라 하늘로 올라가신 후에는 이 일을 다른 방식으로 하시겠다는 뜻이다. 이제 그리스도의 승천과 그리스도가 우리의 영원한 선지자 되심이 갖는 의미를 살펴보자.

승천과 자기의 교회를 세우시는 그리스도

구약성경은 오실 선지자를 고대하고 있었으며 예수님은 이 역할을 완수하셨다. 구약성경의 주요 이야기들은 이 선지자적 사역에 변화가 올 것을 암시한다. 이 이야기들은 예수님이 지상에서도 선지자일 뿐만 아니라 하늘로 올라가셔서도 선지자의 직무를 계속하실 것임을 보여 준다. 이제 더 이상 예수님은 여기에 없으시다. 표적과 기사를 행하지도 않으시고 전과 같은 방식으로 하나님의 말씀을 전하지도 않으신다. 성령으로 가득 찬 예수님이 육신으로 우리와 함께 계시지도 않는다. 하지만 그렇다고 해서 그리스도가 하늘로 올라가셨을 때 그의 선지자적 임무가 중단되었다는 뜻은 아니다.

승천은 그의 선지자적 직무를 '승인'할 뿐 아니라 '증폭'시키고, '확대'한다. 그리스도는 승천하셨기 때문에 성령을 보내셨고, 자신의 말씀에 계속 영감을 불어넣으시며, 이 땅에서 교회가 자신의 몸으로서 자신의 표적을 행할 수 있도록 채우시고 준비시키신다. 메시아의 승천은 마치 별로 중요하지 않은 사건인 양 살짝 옆으로 제쳐 놓을 만한 문제가 절대 아니다. 이것은 그리스도의 선지자적 임무가 높아졌고 계속되고 있음을 뜻한다.

모두에게 영을 보내 주심

이미 말한 대로, 구약성경은 하나님의 모든 백성이 절정의 방식으로 성령을 받을 날을 예견하고 있는데, 이 예견은 종종 하늘로 올라가는 이야기들과 연결된다. 따라서 예수님이 성령의 선물을 자신의 높아짐과 연결하신 것은 전혀 놀랍지 않다. 그의 승천은 성령을 받을 것에 대한 소망을 성취했고 따라서 선지자적인 임무가 모든 이에게 주어지게 했다. 승천하신 선지자가 성령을 통해 자신의 교회를 세우실 것이다.

요한복음은 이 주제를 강조하며 심지어 예수님이 떠나시는 것이 더 유익하다고까지 주장한다. 요한복음 16:7에서 예수님은 이렇게 말씀하신다. "내가 떠나가는 것이 너희에게 유익이라 내가 떠나가지 아니하면 보혜사가 너희에게로 오시지 아니할 것이요 가면 내가 그를 너희에게로 보내리니." 예수님은 성령의 오심이 자신의 떠나심에 달려 있다고 확실히 말씀하셨다. 그의 몸이 제자들을 떠나가는 것이 그들에게는 유익인데 이는 그가 떠나야 성령이 그들 위에 오실 것이기 때문이다. 왜 성령을 소유하는 것이 예수님이 이 땅에 계시는 것보다 더 나은 것일까? 두 가지 이유가 있다.[4]

---

[4] 독자들은 이 내용을 바울의 다음 말들과 균형을 맞추어 이해해야 한다. 바울은 "떠나서 그리스도와 함께 있는 것이 좋다(빌 1:23)"라고 했고, "차라리 몸을 떠나 주와 함께 거하기(고후 5:8)"를 원했다.

첫째, 예수님의 떠나심이 더 유익했던 이유는 성육신한 예수님이 그 인성 때문에 공간과 시간에 제약을 받으셨기 때문이다. 승천하셨을 때 그는 하늘로 올라가 시공간을 초월한 하나님의 자리로 가셨으며, 자신의 영을 보내 주셨다. 예수님은 지상에 있었을 때와 같은 방식으로는 제자들과 함께 계실 수 없었다. 이 땅을 떠나실 때 그의 선지자적 음성은 우주적 범위로 확대되었다. 성령이 도래하셨을 때 예수님의 임재와 말씀은 더욱 넓은 방식으로 이 세상을 가득 채우게 되었다. 이 말을 부정적으로 바꾼다면 이렇게 될 것이다. 만약 예수님이 아직 지상에 계셨다면 그의 말씀과 임재는 오순절 이후에 일어난 일처럼 확장될 수 없었을 것이다.

예수님이 제자들 앞에서 하늘로 올라가셨을 때 과연 어디로 가셨을까 하는 질문을 던질 수 있는데, 그때 우주복이 필요했으리라고 생각할 필요는 없다. 그가 하나님께 돌아가심은 하나님의 임재의 자리, 즉 인간의 장소의 개념을 뛰어넘는 곳으로 가신 것이기 때문이다. 하늘은 거주의 장소 개념이 아니다. 성경은 하늘을 지역(locality)으로뿐 아니라 상태(state)로도 묘사한다.[5]

---

[5] 밀리건은 이렇게 말한다. "우리 주님이 하늘로 올라가심에 대해 말할 때 우리는 장소의 이동으로 생각하기보다는 한 상태에서 다른 상태로의 변화로 생각해야 한다." William Milligan, *The Ascension and Heavenly Priesthood of Our Lord* (Eugene, OR: Wipf

장 칼뱅과 카를 바르트는 성경 저자들이 하나님의 임재나 그리스도의 승천을 단순히 우리의 시공간적 개념으로 생각한 적이 전혀 없음에 주목한다. 그리스도는 승천하셔서 하나님 우편에 앉으셨지만, 그곳은 또한 모든 곳이다. 하나님은 모든 곳에 계시기 때문이다. 승천의 실상은 인간의 이해를 초월한다. 토런스가 말하듯이, "승천은 반드시 우리가 가진 시공간적 개념을 넘어서서 이해해야 하며 그렇기에 궁극적으로 시공간의 범주 안에서 표현할 수 없다."[6]

따라서 승천은 예수님이 우리가 있는 곳에서 하나님이 계신 곳으로 돌아가셨음을 보여 준다. 이 점에서 승천은 성육신의 최종점이 된다. 예수님은 성육신 때 연속된 시공간 속으로 들어오셨으나 승천 때는 "계속해서 인간이시면서 그 물리적, 역사적 존재가 축소되지 않으신 채"[7] 시공간을 초월하셨다. 예수님은 승천하셨을 때 하나님의 자리로 이동하셨다. 유한하고 일시적인 것(그리스도가 가지신 인성)이 본질적으로 무한하고 영원한 것과 연합하신 것이다.[8] 우리는 반드시 현세적,

---

& Stock, 2006), 26. 장소의 변화가 암시되기는 했으나 이것만 유일하게 고려할 부분은 아니다. 물론 전통적 개혁주의 사상가들은 하늘이 창조된 곳이라고 논쟁하기는 했다. 반면 루터교에서는 그리스도가 승천 때 모든 곳에 계시게 되었다고(omnipresent) 믿는다.

6 Thomas F. Torrance, *Atonement: The Person and Work of Christ*, ed. Robert T. Walker (Downers Grove, IL: IVP Academic, 2014), 286.
7 Torrance, *Atonement*, 287.
8 이는 팀 하몬(Tim Harmon)이 존 웹스터를 통해 한 말이다.

영원적 이 두 관점을 다 가지고 그리스도가 입게 된 새 상태에 접근해야 한다.

둘째, 영을 입게 되심이 더 유익한 이유는 예수님의 승천이 단순히 그의 부재를 의미하는 것이 '아니라' 그의 임재가 '더욱' 커졌음을 의미하기 때문이다. 예수님은 자신이 이 땅에 임재하심과 이 땅으로부터 부재하심이 서로 대립될 수 없으므로 제자들이 성령을 받는 것이 훨씬 유익하다고 말씀하셨다.

요한복음의 두 부분에서는 이 명백한 모순을 잘 설명해 준다. 예수님은 다락방에서 성령이 오실 것을 언급하신 바로 직후 이렇게 말씀하셨다. "내가 너희를 고아와 같이 버려두지 아니하고 너희에게로 오리라(요 14:18)." 요한복음 14:28에서는 이렇게 말씀하셨다. "내가 갔다가 너희에게로 온다 하는 말을 너희가 들었나니." 이 두 본문 모두 표면적으로만 보면 다소 이상하다. 그리스도의 떠나심과 오심을 함께 이야기하기 때문이다. 예수님은 '자신이' 떠날 것이며 '자신이' 그들에게 오실 것이라고 주장하셨다.[9] 성령의 임재가 예수님의 임재인 것이다.

그리스도의 올라가심은 완전한 의미에서의 부재를 뜻하지

---

9 어떤 이들은 요한복음의 이 구절이 예수님 부활 후 제자들에게 임재하고 나타나심을 가리키는 구절이라고 인정하고 해석하기도 한다.

않았다.[10] 오히려 그의 임재가 그저 다른 방식으로 알려지게 되는 것이다. 진정한 의미에서의 승천은 메시아가 땅'으로부터' 사라지심이 아닌, 땅'에서'의 계속적인 임재를 보여 준다. 패로우(Farrow)는 이렇게 말한다. "승천하신 주님은 모든 곳에 계시지 않는다… 하지만 모든 곳에서 그를 뵐 수 있다."[11] 스웨인은 이렇게 표현한다.

> 예수님이 자기 교회와 함께하지 않으시는 것처럼 보이지만, 어떤 의미에서 그는 사실 더욱 심오하고 친밀하게 자기 교회와 함께하고 계신다. 이는 그가 하나님과 함께 "하늘"에 계시기 때문이다. 성경적 전통에 의하면 하늘은 하나님의 초월성 및 비접근성뿐 아니라 편재성의 상징이다. 모순적이지만 예수님은 하나님과 함께 하늘에 계시면서 또한 하나님이 그러신 것처럼 온 세상에 임재하고 계신다.[12]

---

10 오르가 진술하듯이 예수님의 몸은 부재한다고 할 수 있다. 왜냐하면 몸을 가진 그리스도는 여전히 한 지역에 국한되시기 때문이다. Peter Orr, *Exalted above the Heavens: The Risen and Ascended Christ*, New Studies in Biblical Theology 47 (Downers Grove, IL: IVP Academic, 2019), 78.

11 Douglas Farrow, *Ascended and Ecclesia: On the Significance of the Doctrine of the Ascension for Ecclesiology and Christian Cosmology* (Grand Rapids: Eerdmans, 1999), 178.

12 L. Swain, *A New Dictionary of Theology*, 63 (Farrow, *Ascension and Ecclesia*, 12에서 인용). 장 칼뱅은 이렇게 표현한다. "그리스도가 그렇게 우리를 떠나신 것은 그의 임재를 우리에게 더욱 유익하게 하기 위함이다… 그는 우리 시야를 떠나 더는 물리적으로 우리와 함께하지 않으시는데 이는 신자들과 함께함을 중단하기 위함이 아니라

신약성경은 때로 성령을 '예수님의 영'이라고 부른다. 따라서 승천 후에 그리스도가 더는 우리와 함께하시지 않는다고 말하는 것은 부정확하다. 그리스도가 더는 지상에서 육체로 우리와 함께하지 않는다고 말하는 것이 정확할 것이다. 성경 해석자들은 요한복음에 나온 예수님의 말씀을 통해 그리스도의 육신적 임재의 중단이 성령을 통한 그리스도의 임재와 다르다는 것을 더 잘 이해할 수 있게 되었다. 성령을 통한 그리스도의 임재는 육신적 임재보다 더 좋을 뿐 아니라 더 뛰어나다.

따라서 승천은 좋은 소식이다. 그리스도가 이제 자신의 백성을 성령에 의해 자신의 임재로 채워 주시기 때문이고, 성령은 시공간의 경계를 초월하시기 때문이다. 예수님의 선지자적 임무는 이제 성령으로부터 힘을 받은 그의 증인들에 의해 수행된다. 이것이 의미하는 바는 그리스도의 선지자적 임무가 끝났다는 것이 아니며 그리스도의 영이 그리스도를 사방으로 퍼져 나가게 하신다는 것이다.[13] 그리스도의 승천으로

더욱 즉각적인 능력으로 하늘과 땅을 통치하시기 위함이다. 그의 몸이 하늘 위를 올라가면서 그의 능력과 힘도 하늘과 땅의 전 영역 위에 널리 확산되고 퍼졌다." (Calvin, *Institutes*, ed. John T. McNeil, Ford Lewis Battles가 번역 [Louisville: Westminster John Knox, 2006], 2.16.14 [522-23]). 토런스도 이와 비슷하게 말한다. "그리스도의 승천은 따라서 모든 것을 그분 자신으로 채우기 위함이다. 이렇게 함으로써 사실상 그는 승천 때 다시 오신 것이다. 그는 자신의 임재 방식으로 다시 오시기 위해 한 가지 방식의 임재로부터 떠나셔야만 했다."(*Atonement*, 291)
13 퍼거슨은 이를 다음과 같이 말한다. "승천할 때 그리스도는 사역하는 동안 자신을 지

그의 선지자적 임무의 새 시대가 열렸다. 이제 그가 자신의 교회를 세우신다.

자신의 말씀에 권위를 부여하심

승천과 성령의 오심은 말씀 사역의 측면에서 보았을 때 그리스도의 선지자적 사역이 계속된다는 사실을 뒷받침해 준다. 피터 툰(Peter Toon)은 예수님의 높아지심으로 "계시가 계속해서 충만하게 나타나고… 그뿐 아니라 더욱 강화되었다"라고 말한다.[14] 그리스도의 선지자적 임무는 성령과 연결되었을 뿐 아니라 복음의 메시지, 즉 성경에서 발견되는 말씀과도 연결되어 있다. 승천하신 선지자는 자신의 말씀을 통해 자신의 교회를 세우시고 강화하신다.

만약 선지자가 하나님의 말씀을 전한 사람들이었다면 우리는 하나님의 말씀이 새 시대에 어떻게 기능하는지 물어야 할 것이다. 존 웹스터(John Webster)의 말을 다른 말로 바꾸면 그리스도는 성경 위에 거하시고 그 안에서 자신을 계시하시는데, 그렇기에 말씀은 승귀하신 선지자의 자기-선포를 위한

탱해 주었던 성령을 매우 완전히 소유하게 되셨기에 부활하신 그리스도와 성령은 경륜적으로 우리에게 하나이시다. 그는 우리에게 또 다른 그리스도(*alter Christus*)이시다." Sinclair Ferguson, *The Holy Spirit* (Downers Grove, IL: InterVarsity Press, 1996), 54.

14 Peter Toon, *The Ascension of Our Lord* (Nashville: Thomas Nelson, 1984), 92.

'보조적 피조물'로 정의되어야 할 것이다.[15] 말씀은 그리스도가 지상에서 사용하시는 선지자적 도구다. 그리스도의 선지자적 임무는 그 본질상 성령뿐 아니라 그의 말씀에 의해서도 지속된다. 말씀은 그리스도의 홀(scepter)이 되며 이를 통해 그의 선지자직이 계속된다.

구약 시대의 사람들도 하나님의 말씀을 들었으나 베드로는 그리스도의 승천 후 말씀이 더 온전히 확증되었다고 선언한다(벧후 1:19). 구약성경의 선지자들도 성령의 감동을 받았지만, 이들은 그리스도의 계시를 간절히 바랐다(벧전 1:10-12). 예수님은 하나님의 말씀이시다(요 1:1). 그는 하나님께서 우리에게 하시는 말씀이시다. 그는 아버지를 보여 주신다(요 1:18; 14:9). 하나님은 선지자를 통해 조상들에게 말씀하셨지만, 마지막 날에는 아들을 통해 말씀하신다(히 1:1-2). 새 언약에서 사도들은 예수님을 기다리지 않고 이미 오셔서 지금은 주이시고 그리스도인 예수님을 선포했는데 이는 그가 아버지 우편에 올라가셨기 때문이다. 그러므로 메시아의 승천 후 말씀은 전보다 더 큰 의미에서 그 권위를 가지게 되었다고 볼 수 있다. 하나님의 말씀이 그리스도와 그의 높아지심 가운데 확

---

15 John Webster, *The Domain of the Word: Scripture and Theological Reason* (London: T&T Clark, 2014), 38.

증되었기 때문이다.

그리스도는 또한 자신의 말씀에 영감을 불어넣으시는데 말씀의 확산을 통해 임재하시기 때문이다. 선지자 그리스도의 자기 백성 가운데의 임재는 계속해서 '소통적인(communicative)' 임재다.[16] 그리스도는 말씀으로서 남아 계시며 이제는 말과 글로 그의 말씀이 시대를 관통하여 퍼져 나감에 따라 임재를 더욱 확장하신다. 그러므로 예수님은 여전히 선지자로 활동하고 계시며 우리와 함께하고 계신다. 물리적인 의미에서 그렇다는 것은 아니다. 그는 자신의 영으로 우리와 함께하고 계시며 자기 말씀 '안에서' 그리고 말씀을 '통해서' 함께하고 계신다. 그의 말씀은 자기 스스로 선포하신다. 그의 말씀은 자신의 백성과 세상을 향한 말이며 자신을 높아지신 선지자로 알리신다.

우리는 예수님이 육신의 목소리로 우리에게 직접 말씀하시면 좋겠다고 여전히 잘못 생각하는 경향이 있다. 하지만 요한복음 16:7은 이런 생각을 갖지 않도록 안내해 준다. 메시아의 승천은 그의 말씀을 더욱 이해하기 쉽게 하셨고 더욱 분명히 하셨다. 그런 의미에서 승천은 최후의 말씀이다. 최후의 말씀

---

16 Webster, *Domain of the Word*, 35.

없이는 이야기가 불완전할 것이다.[17] 마지막 장이 끝난 후, 청중은 이 이야기의 본질을 독특하게 이해할 수 있다. 그리스도의 승천은 그의 선지자적 임무를 중단하게 하지 않으며, 성령과 말씀 두 가지 모두를 통해 말씀이 광범위한 시간과 장소에 존재하게 하신다.

자신의 교회를 준비시키시고 충만하게 하심

선지자들은 하나님의 영으로 충만했고 하나님의 말씀을 선포했으며 표적과 기사를 행하기도 했다. 하지만 이러한 메시아의 선지자적 임무의 한 측면이 어떻게 그의 승천 후에도 계속되는 것일까? 바로 교회를 통해서다. 말씀은 그리스도의 선지자적 임무를 위한 '보조적 피조물'이기도 한데 교회도 이와 비슷하게 작용한다.[18] 그리스도인은 지상에서 그리스도의 도구(몸)다. 바로 그의 영에 의해 그의 표적과 기사를 행하는 자들인 것이다. 따라서 예수님의 선지자적 사역은 그의 승천 후에도 계속되되, 다른 방식으로 계속된다. 예수님의 제자는 그의 손과 발이 되어 나아가고, 주 예수에 대해 말하며 표적과

---

17 "최후의 말씀"이라는 표현은 재림을 통한 역사의 완성이 없다는 의미가 아니다. 승천 자체가 마지막이 시작되었음을 의미하기에 그렇게 언급한 것이다.
18 하지만 물론 완전히 같지는 않다. 하나님의 말씀은 성령의 감동으로 된 것으로 언제나 진리다. 그의 백성은 여전히 죄로 물들어 있다.

기사를 행하고, 그렇게 하여 그의 교회를 세우고 자라게 한다.

요한복음은 교회가 예수님의 사역을 확장, 확대할 것이라고 기술한다. 예수님은 확고히 말씀하셨다. "나를 믿는 자는 내가 하는 일을 그도 할 것이요 또한 그보다 큰일도 하리니 '이는' 내가 아버지께로 감이라(요 14:12)." 수 세기 동안 여러 해석가가 이 구절을 해석하느라 애를 먹었다. 하지만 가장 먼저 알 수 있는 점은 이 말이 메시아의 승천 때가 되어서야 실현되었다는 것이다.

"그보다 큰일"은 두 가지 사실을 가리키는 것으로 보인다. 첫째, 교회는 더 넓게 흩어졌으므로 그리스도의 사역을 더욱 넓게 확장할 수 있다. 둘째, "그보다 큰일"은 예수님의 임무 완수 이후 사람들이 하는 선지자적 역할을 가리킨다. 이들은 성취의 시대에서 일한다. "그보다 큰일"은 그렇다면 크기(정도)와 구속사 안에서의 위치 둘 다를 가리키는 것이라 할 수 있는데, 이 둘은 서로 뗄 수 없다. 이 둘은 모두 아버지의 보좌 우편으로 간 메시아의 승천으로써 확고해진다. 그리스도의 백성은 말씀과 성령으로 변화되면서 예수님의 선지자적 손과 발이 된다.

바울은 에베소서에서 이 사실을 기반으로 하여 머리(그리스도)가 하늘에 계시면 몸(교회)이 땅에 있음을 묘사한다. 예수님은 승천 때 만물 위에 교회의 머리가 되셨다(엡 1:22). 그분은 선지자적 몸의 머리가 되신다. 그는 자신의 임재로 교회를 충만하게 하시며 교회는 행실을 통해 지상에서 만물을 채우는데 교회에 속한 하나님의 백성이 그리스도로 채워짐으로 그렇게 된다. 메시아는 이 일을 교회에 은사를 주셔서 이루신다. 그리스도는 승천하셨을 때 교회에 사도와 선지자, 복음 전하는 자, 교사를 주셨고 이들을 통해 성도를 온전하게 하고 교회를 세우신다(엡 4:10-12).

그리스도의 승천과 그가 주신 은사는 교회가 만물을 채우는 데 핵심적인 역할을 한다. 따라서 교회는 그리스도가 선지자로 일하시는 '공간'이 된다. 만약 그리스도가 주의 자리로 승천하시지 않았다면 그의 백성은 말과 행등으로 이 땅을 채울 수 있도록 성령으로 충만해지지 않았을 것이다. 우리는 교회를 지상에서 시작되어 하늘로 향해 가는 그리스도의 몸이라고 일차적으로 이해해서는 안 된다. 그보다는 그리스도의 몸이 하늘에서 시작되어 지상으로 향하는 것이다. 그리스도의 말씀과 성령이 그리스도인들을 충만하게 할 때, 그들은 자신의 입술과 손에 그리스도를 함께 모시고 다니게 된다.[19]

---

19 Milligan, *Ascension and Heavenly Priesthood*, 229.

결론

메시아의 선지자적 임무는 승천 때 중단되지 않았다. 오히려 예수님의 승귀 후에도 이는 계속되었고, 심지어 더 넓은 범위로, 그러나 이전과는 다른 방식으로 확대되고 증가되었다. 우리는 선지자적 중재에 대한 세 가지 측면을 살펴보았는데, 이것들은 모두 그리스도가 자신의 교회를 세우심으로 세상을 복되게 하심과 연결되어 있다. 그는 자기 백성을 자신의 영으로 충만하게 하셨고, 그들에게 자신의 말씀을 주셨으며, 자신의 손과 발이 되도록 힘을 주셨다.

선지자의 초상	그리스도의 승천 전	그리스도의 승천 후	선지자적 개념
힘을 주시는 성령	예수님은 성령으로 충만하셨다.	그리스도는 승귀하신 상태에서 성령을 부어 주시며 자신의 증인들에게 힘을 주셨다.	그리스도의 선지자적 임무의 '중재'
말씀을 선포함	예수님은 하나님의 말씀이셨고 하나님의 말씀을 말씀하셨다.	그리스도는 복음과 성경을 통해 계속 말씀하시며 말씀을 더욱 온전히 확증하신다.	그리스도의 선지자적 임무의 '권위'
표적과 기사를 행함	예수님은 표적과 기사를 행하셨다.	그리스도는 이제 땅에서 자신의 손과 발이 된 자기 몸의 머리가 되셨다.	그리스도의 선지자적 임무의 '공간'

1. 메시아의 승천 때, 하나님의 백성을 채우기 위해 성령이 내려오셨으며, 이들은 선지자의 임재를 더 널리 퍼뜨린다. 그리스도가 승천하셨다고 해서 그가 우리와 함께하심이 더 줄어든 것은 아니다. 단지 다른 방식으로 함께하시는 것일 뿐이다. 요하네스 크리소스토무스가 말하듯이, "하늘에는 거룩한 몸이 있고 땅은 거룩한 성령을 받았다."[20]

2. 예수님은 복음에 담긴 말씀을 통해 선지자적 임무를 계속 수행하신다. 그리스도는 성경 위에 거하시며 그 안에서 자신을 계시하시는데, 모든 성경은 그를 가리킨다. 선지자이신 그리스도는 자신의 말씀을 왕홀(scepter)로 삼아 휘두르시고, 이에 영감을 불어넣으시며 확증하시는데, 이를 통해 자신을 선포하시고 자기 교회에 자신의 법(charter)을 주신다.

3. 예수님은 표적과 기사를 행하는 선지자적 임무를 자신이 만든 보조적 피조물인 교회를 통해 계속 이어 가신다. 교회는 그리스도가 선지자로서 일하시는 공간이다. 교회는 그의 몸인데, 이 몸은 그의 백성이 성령과 말씀으로 충만하게 되면서 이 땅에 퍼지게 된다.

---

20 John Chrysostom, *Homilies on the Ascension* 2.

선지자로서의 교회

나는 영화 〈후크〉에서 피터 팬이 다시 날게 되면서 로스트 보이즈에게 힘을 주고 그들을 연합시키는 장면을 설명하며 이번 장을 시작했다. 이와 비슷하게 그리스도의 승천도 교회의 선지자적 임무에 영향을 미친다. 패로우(Farrow)는 부활도, 엠마오로 가는 길에서의 사건도 교회를 시작한 사건이 아니라고 단언한다. "교회의 기반은 더 높고 확실한 기초 위에 놓여졌다… 오직 그가 하나님의 우편에 좌정하실 때… 비로소 교회의 존재가 가능해진 것이다."[21] 선지자 직분이 그리스도가 승천할 때 완성되었다면 이것은 또한 그의 교회 안에서도 완성된다. 교회가 머리 되신 예수님의 뜻을 지상에서 성령으로 수행하는 그리스도의 몸이기 때문이다.[22] 좌정하신 선지자의 백성은 성령으로 충만하여 그리스도의 말씀을 선포하고 표적과 기사를 행한다.

첫째, 그리스도의 백성은 성령으로 충만하다. 선지자들은 하나님과 만나고 하나님의 영으로 충만해졌다. 오순절에 관

---

21 Farrow, *Ascension and Ecclesia*, 10.
22 나는 교회와 그리스도가 서로 융합되었다고 주장하는 것이 아니다. 이 둘은 각자 뚜렷하게 다르면서도 서로 연결되어 있다. 그리스도의 말씀은 특별하게 권위를 가지고 있지만, 교회의 가르침은 그리스도에게 근거하고 있으나 오류가 있을 수 있다.

한 본문은 선지자적 본문이다. 성경 저자들은 예수님이 떠나심으로써 오순절이 임했다고 본다. 승천과 강림은 서로를 동반한다. 예수님은 성령으로 '충만하셨으며', 예수님이 떠나고서야 비로소 성령이 오셔서 새 언약의 의미에서 예수님의 증인들에게 힘을 주실 수 있었다. 성령은 예수님과 그의 선지자적 몸을 서로 연결해 주셨다. 하늘로 올라가시면서 예수님은 하나님의 영역과 인간의 영역의 경계를 관통하셨다. 그는 인류를 하나님의 임재 속으로 데려가셨으며 성령을 인간의 차원으로 내려보내 주셨다. 사도행전 2장에서 성령은 오순절 때 내려오셔서 자기 제자들을 충만하게 하시고 이들이 예수님의 선지자적 목소리를 내도록 하셨다.

에베소서는 예수님의 승천 때 교회가 이 임무를 실행하기 위해 받은 선물이 무엇인지 명백하게 알려 준다(엡 4:7-12). 바울은 은사와 그리스도의 공간적 이동 간의 관계를 설명하고자 시편 68:18을 인용한다. 시편 68:18은 승리하신 하나님이 자신의 백성을 애굽에서 이끌어 내신 후 보좌로 행진하시는 모습을 묘사한다. 이와 비슷하게 그리스도도 어둠의 우주적 세력을 이기셨고, 그렇게 하시면서 자신의 교회에 지도자들이라는 선물을 나누어 주셨다. 그리스도는 높아지심을 통해 자기 백성이 성령으로 지상에서 어둠의 세력과 싸울 수 있도록 도움을 주셨다. 교회의 지도자들은 말과 행동으로 성도들을 세운다.

둘째, 그리스도는 교회에 말(verbal)을 싸움의 무기로 주심으로써 어둠의 세력과 싸우신다. 악한 영적 권세는 그리스도의 선지자 직분에 대항해서 자기들만의 복음을 전하며 전투를 벌인다. 그들은 뱀이 에덴동산에서 한 것처럼 하나님이 말씀하신 것을 왜곡하고 변질시킨다. 그들도 왕국을 약속하지만, 이 왕국의 왕은 예수님이 아니다. 그들은 왕권을 장악하는 것이 성취요 영생이라며 사람들을 설득한다.

교회의 지도자들(officers)은 그리스도의 군사를 일으켜 그들이 예수님을 주님이라고 선지자처럼 선포하게 하고 다른 복음들에 맞서게도 한다. 교회는 진리의 허리띠를 띠고, 복음의 신을 신으며, 평안의 복음이 준비한 것으로 신을 신고, 성령의 검을 가진다(엡 6:10-20). 교회의 지도자들은 지역 교회 성도들이 이런 전신 갑주를 입을 수 있도록 도와 그들이 그리스도를 바라보며 전투의 한가운데로 나아가서 적을 정복하고 그리스도가 주님이요 왕이라고 선포하도록 준비시키고 세워 준다.

따라서 성도들은 예수님의 죽음, 부활, 승천의 복음을 전하는 대사가 되어 그리스도의 선지자적 임무를 이어 간다. 그들은 예수님이 통치하신다는 기쁜 소식을 진리의 허리띠를 매고 전한다. 그리스도인은 오직 성령의 힘으로만 예수가 주님이라고 선포할 수 있다. 성령이 오시면 그는 그리스도를 증언하실 것인데(요 15:26-27) 이는 성령이 아들의 영광을 나타내시기 때문이다(요 16:14). 성경에서는 이러한 복음의 선포를 예언이라고 부른다.

오순절에 성령이 내려오셨을 때 불의 혀처럼 갈라지며 각 사람에게 임하셨고, 그러자 사람들은 나가서 그리스도의 이름으로 예언을 하게 되었다. 나중에 바울은 신자들이 특별히 예언을 사모해야 한다고 언급했다(고전 14:1, 39). 장 칼뱅이 말했듯이 예수님은 선지자가 되기 위하여 성령으로 기름 부음을 받으셨다. "이는 자신뿐만 아니라… (그리스도의) 몸 전체를 위해서였는데, 그럼으로써 복음이 계속해서 선포되는 가운데 성령의 능력이 있게 하기 위함이었다."[23] 교회는 권리가 아니라 은사로 그리스도의 선지자직을 수행한다.

마지막으로 교회는 행동으로, 즉 표적과 기사를 행함으로써 선지자 예수님의 팔과 같은 역할을 한다. 요엘 선지자는 세상이 바뀔 때(그리스도가 좌정하실 때) 하늘과 땅에 이적이 나타날 것이라고 예언했다(욜 2:30; 행 2:19). 사도들이 나가서 그리스도의 선지자적 말씀을 전할 때도 역시 표적과 기사를 행했다(행 2:43; 6:8; 14:3; 15:12; 롬 15:19; 고후 12:12). 신약성경 전체에서 우리는 교회가 그리스도를 선포하도록 부르심을 받았

---

23 Calvin, *Institutes* 2.15.2.

으며 또한 그리스도의 행동을 본받도록 부르심을 받았음을 알 수 있다.

하나님의 백성은 예수님의 진리를 선포할 뿐 아니라 의의 호심경과 충성의 방패, 그리고 구원의 투구도 받는다. 이 말은 곧 교회가 하나님이 주시는 선지자의 갑옷을 입는 것은 단순히 말을 통해서가 아니라 성령의 능력 가운데 하나님의 백성과 세상의 유익을 위해 '행함'으로써 가능한 것임을 의미한다.

요약하면, 승천하신 주님은 자신의 백성에게 선물을 주심으로써 그들이 지상에서 자신의 선지자 임무를 계속하게 하신다. 이들 스스로 큰 힘이 있어서 이 일을 할 수 있는 게 아니다. 승리하신 선지자를 바라보면서 이 일을 할 수 있게 되는 것이다. 이들은 어둠의 세상 속으로 입술에는 진리의 빛, 발에는 평안의 복음을 가지고 나아간다. 거짓 선지자들이 일어나겠지만, 그리스도는 승천 때 교회에 지도자들을 주셔서 이들이 복음의 교리를 선포하고 지키도록 하셨다.

결론

그래서 승천 때 그리스도의 선지자적 임무는 어떻게 되었는가? 이 임무는 멈추지 않았다. 누가 중단시키지도 않았다.

축소되지도 않았고 숨겨지지도 않았다. 하지만 이 임무는 전과 같은 방식으로는 이어지지 않는다. 승천은 그리스도께서 지상에서 인간의 목소리로 말씀하시는 시대가 끝났음을 나타낸다.[24] 하지만 그리스도의 선지자적 임무는 다른 방식으로, 더 새롭고 나은 방식으로 계속된다.

그리스도는 하늘로 올라가실 때 시공간을 초월하셨고, 이로써 그분은 우리와 물리적으로는 함께하시지 않지만, 성령을 통해 더욱 충만히 우리와 함께하게 되셨다. 성령은 언제나 하나님의 선지자들을 그리스도의 말씀으로 채워 주는 일을 하셨다. 오순절 때도 이것은 변하지 않았다. 그러나 이제 성령은 모든 이를 위하시며 그리스도의 주권에 순복하는 모든 이에게 임하신다. 그렇게 되면 하나님의 백성은 성령으로 충만하게 되며, 예언하고, 기사를 행하게 된다.

성령이 그리스도의 선지자적 임무를 중재하시지만 그리스도가 자신의 선지자적 임무를 수행하시는 방식은 말씀을 통해서다. 그는 지상에 있는 그리스도의 몸인 교회라는 공간 안에서 이 일을 하신다. 그의 백성은 보조적 피조물이 되었기에 그는 이제 이들을 통해 말씀하시고 행동하신다. 예수님께 대한 충성을 유지할 때 교회는 그리스도가 선지자적 임무를 행

---

24 Farrow, *Ascension and Ecclesia*, 8.

하시는 영역이 된다. 패로우는 다음과 같이 말한다.

> 성령은 말씀과 성례, 기도와 예배를 수단으로 역사적인, 승천하신, 그리고 재림하실 예수님을 현재 우리에게 새롭게 나타내 주신다. 따라서 승천은 우리와 예수님을 전혀 분리하지 않으며 역사적으로 살아 계신 예수님을… 그가 다시 돌아오시는 날까지 우리가 하나님을 만나는 영구적인 장소가 된다.[25]

메시아의 승천은 과거에도 그러했고 '지금도' 좋은 소식이다. 예수님이 자기가 이 땅을 떠나는 게 더욱 유익이라고 말씀하신 것(요 16:7)도, 제자들이 자신보다 더 큰 일을 할 것이라고 말씀하신 것도(요 14:12) 이러한 이유에서다. 만약 그가 제자들과 함께하셨다면, 그리고 우리와 함께 이 땅에 머무르고 계신다면, 지금과 같은 방식으로는 함께하지 못했을 것이기 때문이다. 하지만 지금 그가 지상 너머에 있는 보좌에 앉아 계시기 때문에 그의 선지자적 임무는 달라졌고, 증가했으며, 증대되고, 확대되었다. 우리의 임무는 그리스도의 높아지심을 말하고 재림을 기다리며 그의 사역을 성령의 능력으로 지속하는 것이다.

승천하신 여러분의 선지자를 바라보라.

---

25 Farrow, *Ascension and Ecclesia*, 51.

3장

제사장의 승천: 하늘에서 중보하심

그가 항상 살아 계셔서 그들을 위하여 간구하심이라 _히 7:25

중보

영화 〈반지의 제왕〉 1편 중간을 보면 프로도가 모르굴의 칼에 어깨를 찔려 부상으로 거의 죽게 된다. 그는 누워 고통과 두려움에 헐떡거린다. 죽음이 바로 그의 근처에 온 것이다. 그런데 아르웬이 프로도를 쫓는 사악한 나즈굴(반지악령)을 앞질러 간다. 그렇게 아르웬은 프로도를 찾아서 그가 회복되도록 리벤델로 데려다주려 한다.

아르웬은 프로도와 저 멀리 엘프의 강 끝까지 간다. 살기 위해 숨을 쌕쌕이는 프로도를 바라보며 아르웬은 자기에게 어떤 은혜가 있다면 그 은혜가 프로도에게로 넘어가게 해 달라고 기도한다. 이 장면은 책에는 없지만(원작주의자들에게는 미안하다) 중보와 밀접한 관계가 있다고 할 수 있다. 아르웬은 다른 이를 위해 기꺼이 자기가 가진 것을 포기한 것이다.

아르웬은 영화의 원작자 톨킨의 3부작에서 흥미로운 인물이다. 절반이 엘프(요정)인 그녀는 엘프로서의 불멸성을 박탈당하고, 불멸의 땅으로 가는 대신 중간계에 남는다. 영화의 이 장면은 그녀의 희생적이면서 자애로운 중보자의 모습을 잘 묘사한다. 그녀는 다른 이들의 유익을 위해 자기가 가진 것을 희생한다. 그녀는 합법적으로 자신이 소유한 것을 움켜쥐거나 이용하지 않고 다른 이들을 위해 중재한다(빌 2:5-11).

예수님도 이와 비슷하다. 그분은 자신의 위치를 이용하지 않으시고 희생하사 자신을 낮추셨다. 영광의 길을 버리시고, 백성을 대표하는 대제사장으로서 중보하기 위해 고난과 죽음의 길로 가셨다. 예수님은 분명 불멸의 땅으로 가셨다. 하지만 자신의 유익을 위해 가지 않으셨다. 그는 자신의 백성을 중보하기 위해 하나님 보좌 우편에 앉으신 것이다.

예수님은 땅에서는 자신의 백성을 위해 중보하셨지만 이제는 아버지 앞에서 자신의 피를 바치며 중보하신다. 예수님은 땅에서 제사장이셨지만 그의 제사장적 임무는 승천 뒤에 높아졌으며 '또한' 계속된다. 승천 때 예수님의 '하늘에서의' 중보가 시작되었으며 그의 하늘에서의 중보는 땅에서 하신 직무보다 더 탁월하다.

현재 그리스도가 하늘 성전에서 자신의 피를 바치시기 때문에 우리 역시 주의 산에 올라가 하나님의 보좌가 있는 곳으로 들어갈 수 있다. 승천은 그리스도의 대제사장으로서의 중보와 축복의 행동이라고 할 수 있다. 제사는 완전히 끝났지만, 백성을 위한 그의 중보는 계속된다.

제사장 예수님

예수님은 땅에서 선지자셨다. 하지만 지상에서의 예수님을 제사장으로 보는 관점은 그리 흔하지 않으며 때로 이의가 제기되기도 한다. 사람들은 보통 예수님이 생애 마지막, 자신의 피를 바쳤을 때가 제사장이었던 때라고 본다. 예수님의 전 생애를 제사장이라는 이름 아래 보는 것은 통상적이지 않다. 이러한 망설임은 부분적으로 히브리서 8:4에 기인한다. "예수께서 만일 땅에 계셨더라면 제사장이 되지 아니하셨을 것이니 이는 율법을 따라 예물을 드리는 제사장이 있음이라."

하지만 성경을 더욱 포괄적으로 보는 입장은 제사장직이 레위인보다 훨씬 전부터 있었음을 지적한다. 아담, 아브라함,

그리고 모세는 모두 본질상 제사장이었다. 레위인의 임무는 사실 더 깊은 토양 속에서 자란 것이다. 히브리서는 그리스도의 제사장직이 모세의 율법과는 다른 계열에서 기인했다고 확언한다. 그의 제사장직은 아론을 앞서는 멜기세덱으로부터 왔다는 것이다. 따라서 우리는 그리스도의 제사장적 임무를 그의 선지자적이고 왕적인 임무처럼 여겨야 한다. 즉, 예수님은 지상에서 제사장으로 '지명되셨고(designated)' 그렇게 행동하셨으며, 하늘에서 제사장으로 '취임하셨다(installed).'[1] 그리스도가 십자가에서 하신 일은 그의 제사장 임무에 있어 핵심적이었다. 하지만 죽음 전에도 그가 제사장 사역을 하셨음을 알려 주는 곳이 매우 많다.

마태복음은 예수님의 이름을 정의하며 시작하는데 "예슈아(Yeshua)"라는 이름은 "하나님이 자기 백성을 죄에서 구원하실 것"이라는 뜻이다(마 1:21-23; 겔 36:29; 37:23도 보라). 죄에서 구원하는 일은 특별히 제사장이 하는 일이었다. 예수님에게는 그 생애 시작부터 하나님과 인류 사이의 중재자라는 이름표가 붙었었다(딤전 2:5). 제사장직의 개념은 그가 세례 때 기름 부음을 받으면서도 계속 나타난다. 그리고 세례 안에는

---

1 조직신학적 관점에서 보면, 그는 영원한 창세전부터 선지자, 제사장, 왕의 역할을 하셨다 ('구속 언약'[*pactum salutis*]).

내려가고 올라가는 패턴이 이미 담겨 있다. 제사장들은 하나님의 임재에 들어가기 전에 정결 의식을 행했다. 이러한 의식을 통해 그들은 제사장직을 수행하도록 임명받았다. 그러므로 예수님도 세례 때 인간 제사장 직분을 수여받았다고 결론 내릴 수 있다.[2]

예수님이 세례받으실 때 하나님은 그를 기뻐하시며 내 사랑하는 아들이라고 선언하셨다(눅 3:22). 예수님을 사랑하는 아들이라고 부르신 것은 하나님이 그를 자신의 대표자로 선택하셨다는 의미다. 하나님이 그를 기뻐한다고 말씀하신 것은 제사장이 제물을 드릴 때 그 제물이 하나님이 기뻐하시는 향기가 되는 것과 매우 흡사하다. 예수님이 사역을 삼십 세에 시작하신 일도 놀랍지 않다(눅 3:23). 제사장들 역시 이 나이 때부터 사역을 시작했기 때문이다(수 4:3, 23, 30, 35, 39, 43, 47; 대상 23:3).

예수님은 또한 제사장으로서 어떻게 하나님께 다가가야 하는지를 사람들에게 알려 주셨다. 바로 주기도문을 통해 아버지 앞에서 기도하는 법을 가르쳐 주신 것이다. 제사장이신 예수님은 주기도문에서 사람들에게 자신과 함께 지성소로 가자

---

2 왕과 제사장 모두 기름 부음을 통해 임명되었으며 시편 110편은 왕과 제사장직이 서로 분리되면 안 된다는 점을 잘 보여 준다.

고 초청하시며 은혜의 보좌 앞으로 어떻게 나아가야 하는지 가르쳐 주셨다. 그는 사람들에게 하나님을 "하늘에 계신 우리 아버지"라고 부르라고 말씀하신다. 이는 제사장이 사람들에게 하나님의 자녀로서 하나님의 보좌로 나아가자고 부르는 외침이다. 예수님이 제자들에게 일용할 양식을 구하라고 말씀하셨을 때 이는 출애굽의 사건을 암시할 뿐 아니라 제사장을 위해 둔 진설병도 생각나게 한다(레 24:5-9).[3] 주기도문에서 예수님은 하나님의 보좌가 계신 곳으로 사람들을 인도하시며 하나님을 아버지라 부르라고 말씀하신다.

예수님의 치유 사역 역시 제사장으로서의 모습을 보여 준다. 그분은 나병을 가지고 태어난 사람들을 고쳐 주셨는데 레위기를 보면 나병 환자들이 제사장에게 가서 정결함을 평가받게 되어 있었음을 알 수 있다(레 13-14장). 예수님은 자신의 손을 나병 환자에게 내미셔서 그를 깨끗하게 고치시고 마을로 되돌려 보내신다(마 8:1-4). 마가복음 2장에서 예수님은 병을 고치실 뿐 아니라 죄도 사하시면서 제사장의 역할을 행하신다. 구약의 제사장들은 발을 저는 자를 하나님의 성전으로 데려올 수 없었으며 죄를 근본적으로 사할 수도 없었다. 하지만 예수님은 이 두 가지 일을 한꺼번에 하셨다. 그리고 예수님

---

3   Nicholas Perrin, *Jesus the Priest* (Grand Rapids: Baker Academics, 2019), 17-53.

은 안식일에 대한 자신의 권위를 여러 번 선포하셨고 이 중요한 날에 여러 사람을 치유하셨다. 이런 일들을 행하심으로써 예수님은 자신이 더 위대한 제사장이심을 선포하셨다. 이는 "안식일에 제사장들이 성전 안에서 안식을 범하여도 죄가 없기(마 12:5)" 때문이었다.

예수님은 긍정적인 행동을 통해서만 제사장의 모습을 보이지는 않으셨다. 그는 전복적인 제사장의 역할도 하셨다. 제사장은 성전에서 섬겨야 했지만 예수님은 성전 시대가 끝날 것을 예견하셨고, 이로 인해 예수님은 결국 십자가형을 받으셨다. 예수님은 성전을 재건하기 위해 예루살렘에 입성하신 것이 아니었다. 예수님은 오히려 성전으로 뛰어드셔서 매매하는 자들과 돈 바꾸는 자들을 방해하셨다(막 11:15; 눅 19:45; 요 2:15). 마태복음 24장에 나오는 절정의 장면에서 예수님은 성전을 떠나시며 성전이 무너지리라 예언하셨다(마 24:1-2; 막 13:1-2; 눅 21:5-6). 재판에서 사람들은 예수님이 성전을 무너뜨리고 사흘 만에 다시 일으킨다고 했다며 고소했다(마 26:61; 27:40; 막 14:58; 15:29; 요 2:19-21). 복음서 저자들 중 오직 요한만이 예수님이 자기 몸인 성전을 가리키신 것이라고 설명한다. 예수님은 당시의 제사장 제도를 책망하셨고 또한 성취하시기도 했다. 성전을 자신의 몸으로 대체하심으로 그렇게 하신 것이다. 예수님이 하신 일은 재건을 위한 파괴였다.

마지막으로, 예수님은 제물로 드려진 어린양으로, 또한 제사장과 같은 중재자로 십자가에서 죽으셨다. 공관복음에는 모두 예수님이 죽으실 때 성전의 가림막이 둘로 찢어진 사건이 기록되어 있다(마 27:51; 막 15:38; 눅 23:45). 최후의 만찬 때 예수님은 자신의 죽음을 떡(몸)과 포도주(피)로 해석하신 바 있다. 떡과 피는 제사장직에서 핵심적인 것이었다. 히브리서는 예수님의 죽음을 예수님이 자신의 피를 제물로 바쳐서 영원한 속죄를 이루신 사건으로 이해한다(히 9:12-14). 그는 진정한 대제사장으로서 더 나은 언약인 새 언약의 중보자가 되셨다(히 12:24). 예수님은 승천 때 제사장 임무를 그만두지 않으셨다. 단지 그 무대가 바뀌었을 뿐이다.

제사장의 초상

구약에서 제사장에게는 정확하고 분명한 역할이 있었다. 제사장들은 기본적으로, 하늘과 땅이 만나는 하나님의 제단 앞에서 중재함으로써 하나님과 하나님의 백성을 섬기는 자들이었다.[4] 히브리서 저자는 제사장에 대해 세 가지를 묘사한다(히

---

4   슈록(David S. Schrock)은 제사장을 "섬기기 위해 하나님의 제단에 선 구별된 중재자

5:1). 제사장은 사람 가운데서 택한 자이며, 인류를 대표해서 행하며, 하나님께 예물과 제사를 드리는 사람이었다.

첫째, 제사장은 사람 가운데서 택한 자였다. 그들은 하나님으로부터 임명받았다는 점에서 '선택된' 자들이었다. 이스라엘은 왕 같은 제사장으로 하나님께 택함을 받았다(출 19:6). 출애굽기 28:1은 어떻게 여호와께서 제사장으로 섬길 아론을 데려오셨는지를 묘사한다. 레위인들은 특별히 제사장으로 섬기기 위해 임명된 지파였다. 히브리서 저자가 단언하듯이 "이 존귀는 아무도 스스로 취하지 못하고 오직 아론과 같이 하나님의 부르심을 받은 자라야"(히 5:4) 했다. 제사장직은 주장이나 요구, 요청으로 얻을 수 있는 것이 아니었다. 하나님이 제사장직을 수여, 유증, 임명하셨다.

제사장은 또한 '사람 가운데서' 선택된 자였다. 그들은 살과 피를 가진 사람 가운데서 나와야만 했다. 동물이나 영, 천사들은 제사장이 될 수 없었다. 제사장은 사람이어야만 했는데 이는 사람이 독특하고 특별하게 하나님의 형상으로 창조되었기에 하나님과 사람 사이의 관계를 중재할 수 있었기 때문이

로서 (1) 하나님의 거룩한 장소를 신성하게 하고 (2) 하나님께 제물을 바치며 (3) 하나님의 언약을 말하는 자"라고 묘사한다. 이 묘사는 나에게 도움을 주었다. (*The Royal Priesthood and the Glory of God* [Wheaton, IL: Crossway, forthcoming]). 슈록은 제사장의 말하고 지키는 역할을 강조한다. 나의 묘사는 그의 묘사를 보완하는 것이지 반대하는 것이 아니다.

다. 오직 제사장만이 사람을 하나님께, 또한 하나님을 사람에게 나타낼 수 있었다. 제사장직은 배타적이기도 하고 포괄적이기도 하다. 이스라엘 안에 특정 제사장들이 있었지만, 아담도 제사장으로 묘사되며 이스라엘도 "제사장 나라"로 부르심을 받았다(출 19:6).

둘째, 제사장은 인류를 대표해서 행했다. 그들은 여러 가지 역할로 섬겼지만, 특히 인류를 '위하여' 하나님의 집에 가거나 그곳에서 섬겼다. 그들은 하나님의 백성을 대신하여 하나님 집 건물을 관리했다. 하나님을 위해 이 집을 관리하며 그들은 하나님의 임재에 들어가 하나님의 백성을 대표하고, 중재하며, 중보했다. 제사장은 '여호와께 가까이' 나아갔던 자들이었다(출 19:22). 제사장은 피가 뿌려진 옷을 입고 열두 개의 보석으로 된 흉패를 가슴에 차고 하나님 앞에 나아갔다. 다른 이의 죽음을 입거나 혹은 다른 이의 생명을 입고 하나님 앞에 나아간 것이다.

셋째, 제사장은 예물과 제사를 드렸다. 제사는 제사장이 사람'으로서' 사람을 '위하여' 하나님 '앞에' 드렸던 구체적이고 배타적인 행위들이었다. 제사장은 제물, 즉 예물과 제사 없이는 하나님의 임재 속으로 들어갈 수 없었다. 성경에 가장 먼저 나오는 확실한 제사장은 멜기세덱으로 그는 아브라함에게 떡과 포도주를 가지고 나왔다. 제사장은 여호와 앞에서 동물을 죽여 그 피를 여호와 앞으로 가져왔다(레 1:5, 11, 15). 밀가루, 기름, 곡물을 가지고 와서 단 위에서 기념물로 불살랐다(레 2:2, 9). 제사장은 제단을 세우는 자였으며(스 3:1-7), 유월절을 지켰고(스 6:19-22), 저녁 제사를 드렸다(스 9:4-5).

이 모든 예물과 제사 뒤에는 하나님이 거룩하시며 이 제물들이 죄에 대한 하나님의 진노를 누그러뜨리는 향기로운 제사였다는 신학적 진리가 담겨 있다. 죄는 파괴적이지만 하나님은 제사를 회개 의식으로 보셨다. 무엇인가가 죽었고, 그것의 생명이 언약을 위반한 사람을 대신하여 하나님 앞에 바쳐졌다. 제사장은 사람들을 중재하고 중보하여 그들이 하나님의 은혜 가운데 계속 머무를 수 있게 했다.

구약성경은 제사장의 사역을 기념할 뿐 아니라 이들의 온전하지 못했던 모습도 많은 곳에서 나타낸다. 이들은 불완전하고 부족하게 행동했다. 구약성경에 나오는 여러 제사장은 부패했고 모세오경이 분명하게 금지하는 일을 행했다. 레위인도 그리고 이스라엘 국가도 제사만으로는 온전함을 얻을 수 없었다(히 7:11). 구약성경의 제사장은 여전히 죄 가운데 있었고(히 7:26), 동물의 피를 가지고 반복해서 성소에 들어갔으며, 사람이 만든 장막에 들어갔다(히 9:7, 11, 25; 10:11). 이러한 제물은 결코 죄를 없애 줄 수 없었다. 동물의 피로 죄를 제거하는 일은 불가능한 일이었다(히 10:4).

아담, 레위인, 그리고 이스라엘 민족 전체가 인류를 대신해 제사장의 역할을 했지만, 이들은 모두 이 임무를 완수하는 데 실패했다. 하나님은 이스라엘을 제사장 나라로 부르셨으나(출 19:6) 이스라엘에게는 이 일을 완수할 결의나 능력이 없었다. 따라서 구약성경은 독자들이 앞으로 더 위대한 제사장이 오시리라는 것을 기대하게 해 준다.

제사장의 승천을 암시하는 이야기들

구약성경은 제사를 드리고, 하나님의 산에 오르며, 백성을 중보하고 축복했던 제사장의 이야기를 통해 독자들을 준비시킨다. 예수님은 이 땅에서 제사장의 역할을 행하셨다. 승천 후에도 이 역할은 멈추지 않았으며 오히려 완성을 향해 아주 특별한 방식으로 바뀌었다. 다음에 나오는 세 편의 승천 이야기는 그리스도의 제사장적 임무의 변화를 가리키는 주제들을 잘 나타낸다. 이 변화는 그분이 더 나은 제사장이 되셨음을 의미했다.

시내산에 올랐던 모세

그리스도의 제사장적 승천을 암시하는 첫 번째 이야기는

모세가 시내산에 올라간 내용이다. 출애굽기 24장에서 하나님은 모세에게 산으로 올라오고 그동안 이스라엘 백성은 멀리서 예배하고 있으라고 말씀하셨다. "너 모세만 여호와께 가까이 나아오고 그들은 가까이 나아오지 말며 백성은 너와 함께 올라오지 말지니라(출 24:2)." 모세는 이른 아침에 일어나 단을 쌓고 여호와께 번제와 화제를 드렸다. 그는 피를 취해 단 위에 뿌리고 언약 책의 내용을 자세히 말하고 이스라엘이 동의한 내용을 지키도록 언약적으로 결속했다. 그는 산에 오르기 전에 제사를 드렸다.

그 후 모세는 산에 올라가 이스라엘의 하나님을 만났다(출 24:10). 그가 청옥을 보는 이 장면은 하늘의 모습으로 묘사된다. 하나님의 임재 속에서 그들(이스라엘 자손의 존귀한 자들)은 먹고 마셨으며 모세가 하나님을 만날 때 구름이 산을 덮었다.

> 모세가 그의 부하 여호수아와 함께 일어나 모세가 하나님의 산으로 올라가며 장로들에게 이르되 너희는 여기서 우리가 너희에게로 돌아오기까지 기다리라 … 모세가 산에 오르매 구름이 산을 가리며 여호와의 영광이 시내산 위에 머무르고 구름이 엿새 동안 산을 가리더니 일곱째 날에 여호와께서 구름 가운데서 모세를 부르시니라 산 위의 여호와의 영광이 이스라엘 자손의 눈에 맹렬한 불같이 보였고 모세는 구름 속으로 들어가서 산 위에 올랐으며

모세가 사십 일 사십 야를 산에 있으니라(출 24:13-18)

모세는 산에서 이스라엘 백성의 대표로 그들을 중보했다. 그는 하나님의 율법을 받았으며 백성을 대신해서 하나님께 말했고, 산에서 내려와서는 하나님을 대신해서 백성에게 말했다. 모세는 하나님이 자기 백성과 함께 계실 수 있도록 그들이 어떻게 성막을 지어야 하는지 자세한 지침을 받았다(출 25-31장).

모세가 한 일들은 레위인의 임무를 가리켰지만 근본적으로는 그리스도를 가리켰다(제물〉승천〉중보〉축복). 제사장 역시 제사를 드리고 하나님의 임재 안으로 올라갔고, 그들이 피와 예물을 가지고 성소에 들어가면 성소는 연기와 불로 가득 찼다. 그리고 제사장은 백성을 위해 중보했고 앞으로 나아와 백성을 축복했다.

구약성경을 계속 읽다 보면 모세가 (시내산에) 올라간 것이 앞으로 성취될 일에 대한 모형이라는 점이 확실해진다. 모세는 산 위에 계속 머물러 있지 않았고, 성막은 더럽혀질 수 있었으며, 모세의 중보도 멈췄고, 백성은 언약의 지시 사항을 지키지 않았다.

지성소에 들어간 대제사장

그리스도의 제사장적 승천을 암시하는 두 번째 이야기는 지성소에 들어가는 대제사장이다(레 16:2-34). 레위기가 유대인의 의식을 기술하는 데 집중하기 때문에 현대 독자들은 혼란스러울 수 있으나, 책의 내러티브 구조가 제사장이 하나님을 만나러 올라가는 속죄일(욤 키푸르)로 향하고 있음은 알 수 있다. 이날 전의 모든 것은 사람들에게 어떻게 하나님의 임재에 접근해야 하는지 가르쳐 주는 내용이고, 이날 후의 모든 것은 사람들에게 어떻게 하나님의 임재 가운데 거할 수 있는지를 알려 주는 내용이다. 따라서 레위기는 여호와의 산에 오르는 것을 다루는 책이다.[5] 모세와 같이 유일하게 대제사장만이 이스라엘 백성을 중보하기 위해 하나님의 임재 가운데 특별한 방식으로 들어갔다.

성막 안은 엄격하게 구분되어 있었다. 장막 휘장은 성막 뜰과 이스라엘의 나머지 영역을 구분했으며, 또 다른 휘장은 성소와 성막 뜰을 구분했다. 또한 마지막 휘장은 지성소와 성소를 구분했다. 공간의 구분은 우주를 상징했다. 제사장은 하나님을 만나고 백성을 중보하기 위해 지성소로 들어갈 때 가장

5　L. Michael Morales, *Who Shall Ascend the Mountain of the Lord? A Biblical Theory of the Book of Leviticus* (Downers Grove, IL: InterVarsity Press, 2015).

높은 하늘에 들어갔다. 휘장에 있는 그룹(Cherubim)들은 제사장이 상징적으로 하늘에 들어갔다는 것을 나타냈다.

아론은 지시된 방식대로 휘장 안으로 들어가도록 명받았는데, 이는 여호와가 시은좌 위 구름 가운데 나타나실 것이기 때문이었다. 이 구름은 그가 여호와의 충만한 영광을 보지 못하게 해 주었다. 그는 여호와 앞에 제물을 가지고 나아갔으며(레 16:3, 6-10, 25), 거룩한 세마포 옷을 입었고(레 16:4), 몸을 씻었으며(레 16:4, 24), 향을 가지고 갔고(레 16:12-13), 시은좌와 단에 피를 일곱 번 뿌렸다.(레 16:14, 19) 출애굽기 28:29을 읽어 보면 대제사장이 성소에 들어갈 때 이스라엘 아들들의 이름을 기록한 흉패를 가슴에 붙였는데 이는 백성을 대신하여 하나님 앞에 나아가는 것을 나타냈다. 대제사장은 다른 사람들을 대신하여 그들의 행위를 중재했다.

하나님께 나아가는 목적은 그분의 임재 속에 있기 위함이었고 그 수단은 피였다. 대제사장은 속죄를 치러야 했다. 염소 두 마리가 제물이 되었다. 첫 번째 염소는 백성의 죄를 사하는 속죄제가 되었다(레 16:15). 대제사장은 하나님 앞에서 중보하기 위해 첫 번째 염소의 피를 속죄소에 뿌렸다. 속죄소에서 나오면 그는 자신의 손을 희생양(scapegoat)인 두 번째 염소의 머리에 얹었다. 그리고 백성의 모든 죄를 고백하여 그 죄를 염소에게 옮긴 다음, 이 염소를 광야에 놓아주었다. 이 두 번째 염소는 하나님이 백성의 죄를 어떻게 없애셨는지를 잘 보여 준다. 두 염소 모두 죄가 용서되어 없어졌음을, 속죄를 통해 하나님의 노여움이 누그러뜨려졌음을 나타낸다.

모세가 시내산에 올라간 이야기처럼 대제사장이 지성소에 올라간 이야기도 그리스도의 승천을 예표한다. 대제사장은 상징적으로 휘장을 지남으로써 우주로 올라 하나님의 집에 계신 하나님을 만나러 간 것이다. 제사장은 연기와 불이 지성소를 가득 메울 때 하나님 앞에서 이스라엘을 위해 중보하고 속죄했다. 그들의 행동은 진정한 대제사장으로서 하나님의 임재 가운데 단번에 올라가신 그리스도의 길을 예비했다. 하나님은 대표자들을 고르셨지만 궁극적인 대표자는 정결하고 피로 옷 입혀지고 감추어진 자여야 했다.

여호와의 산에 오른 다윗

그리스도의 제사장적 승천을 암시하는 마지막 모습은 시편 24편 다윗의 입술에서 나온다. 다윗은 왕이었지만 제사장의 역할도 많이 함으로써 이 두 가지 역할이 다시 통합될 것임을 미리 보여 주었다.[6] 그는 사무엘상 21장에서 아히멜렉에게 자신과 자신의 신복들을 위해 제사장의 떡을 가져다 달라고 요

---

6 Perrin, *Jesus the Priest*, 153-54쪽을 보라.

구했다. 사무엘하 6장에서는 여호와의 궤를 예루살렘으로 가져오게 하고 제사장의 여러 임무를 수행했다. 그는 제사를 드렸고(삼하 6:13, 17), 에봇을 입었으며(삼하 6:14), 장막을 쳤고(삼하 6:17), 백성을 축복했다(삼하 6:18). 사무엘하 24장에서는 다윗이 교만한 마음으로 인구 조사를 한 후에 하나님의 은혜를 구했다. 선지자 갓은 그에게 단을 세우고 그 위에 번제물을 드리라고 지시했다. 이렇게 다윗은 제사장-왕, 즉 이 두 직분을 하나로 통합시키는 모습을 보여 주었다.

그렇다면 다윗이 시편에서 제사장으로서 말하면서 여호와의 산에 오를 자가 누구냐고 묻는 것은 전혀 놀랍지 않다. 다윗은 온 땅이 그것을 지으신 여호와의 것임을 고백하며 시편 24편을 연다(시 24:1-2). 모든 것이 하나님의 것이며, 제사장은 백성이 이러한 주권자의 축복을 받도록 중재하는 일을 한다. 다윗은 매우 제사장다운 질문을 한다. "여호와의 산에 오를 자가 누구며 그의 거룩한 곳에 설 자가 누구인가(시 24:3)?" 근본적으로, 그는 누가 하나님의 은혜를 받고 또한 그 은혜를 하나님의 백성에게 베풀 것인지를 묻는다.

그의 답은 정결함에 초점을 맞추는데, 이 정결의 비유에는 제사장의 모습이 많이 담겨 있다. 여호와의 산에 오르는 자는 깨끗한 손과 정결한 마음을 가지고 있다. 다윗은 여호와의 산에 오를 자는 밖(손)과 안(마음)이 모두 정결한 자라고 말한다.

하나님의 임재로 들어가는 일은 단순히 외적인 행동으로 씻을 수 있는 종교 의례가 아니었다. 하나님은 안과 밖이 모두 온전하여 완전한 성품을 이루는 자를 원하셨다. 제사는 백성이 정결해지는 수단이었다.

다윗이 하나님의 전에 들어갈 자는 거짓 맹세를 하지 않는 자라고 선언하면서 이 주제가 더욱 강조된다. (여호와의 산에) 올라갈 자는 우상 숭배자도 아니다. 그는 다른 신을 섬기지 않는다. 하나님은 오직 그분께 신실한 자들만 그분의 임재로 들어오게 하실 것이다. 그들은 바벨에서처럼 자기의 수단을 구하여 하나님께 올라가려고 애쓰는 자들이 아니다. 그들은 하나님을 섬기며 하나님만 섬긴다. 마지막으로, 여호와의 산에 오를 자는 순결하고 정결한 입을 가졌다. 그는 거짓 맹세를 하지 않는다. 진실하게 사는 것을 하나님이 강조하시는 이유는 하나님 자신의 성품이 그러하시기 때문이다. 하나님은 어떤 일이 일어날 것이라고 말씀하시면 반드시 그 일이 일어나게 하신다. 하나님을 닮아 진실을 말하는 자만이 그분의 성소에 설 수 있다.

다윗의 요지는 진정한 제사장은 정결하다는 것이다. 온전하게 순결하고 깨끗한 자다. 그는 우상을 섬기지 않으며, 내면의 삶이 외적인 삶과 일치하고, 입술이 오염되지 않았다. 이 사람은 여호와의 임재로부터 복을, 그 보좌로부터 의를 받을 것이다. 다윗은 묻는다. "여호와의 산에 오를 자가 누구인가?" 오직 자기를 덮어 줄 제물을 가진 자만이 하나님의 산에 올라 그분께로부터 복을 받을 수 있다.

이런 모습을 가진 자는 여호와의 산에 오를 수 있는 자격을 얻는다. 구약성경은 비록 다윗이 비록 의로운 사람이었지만 모든 사람이 죄에 빠져 있었기에 아무도 이 자격을 획득할 수 없다고 선언한다. 사람들은 여호와의 산에 오르려 하겠지만 산기슭으로 굴러떨어지고 말 것이다. 그러므로 진정으로 자격을 갖추어 여호와의 산에 오를 수 있는 새로운 제사장이 와야만 했다.

승천과 제사, 중보, 그리고 축복

구약성경은 제사장 의식에 관한 지침을 주지만 이것들도 그림자일 뿐이다. 이런 이미지들은 제사장직의 부족함, 즉 그들이 절대 완벽해질 수 없다는 점을 분명히 보여 주었다. 제사장은 흠 있는 개인으로서 흠 있는 민족을 위해 섬겼다. 장막과 성전에서 동물의 피를 제물로 드렸고, 자신의 죄와 민족의 죄를 중보하기 위해 반복해서 제사를 드렸다.

예수님은 진정한 제사장으로서 지상 공간을 차지하셨다. 그분은 제사장이 할 수 없는 일을 완수하셨다. 하지만 승천 후에 비로소 완전한 제사장 역할을 하게 되셨다. 예수님이 하늘로 들어가시면서 하나님은 그를 영원한 대제사장으로 '임명하셨다.' 완전한 제사를 드렸기에 예수님은 더 나은 방식으로 중보하시며, 위대한 대제사장으로서 성령의 평안으로 자기 백성을 축복하신다. 예수님은 이 땅에서도 더 나은 제사장이었지만 메시아의 승천은 그의 제사장 임무를 승격시키고 확대했다. 그분은 땅에서 제사장이셨다. 지금도 하늘에서 제사장으로 일하고 계신다.

따라서 메시아의 승천으로 그분의 제사장직이 중단되었다고 할 수 없다. 오히려 그 반대로 메시아의 승천으로 이 역할은 획기적인 새 시대를 맞게 되었다. 히브리서 4:14은 예수님이 여전히 하늘에서 우리의 제사장으로 일하고 계신다고 분명히 밝힌다. "그러므로 우리에게 큰 대제사장이 계시니 승천하신 이 곧 하나님의 아들 예수시라 우리가 믿는 도리를 굳게 잡을지어다." 어떻게 그리스도의 제사장직이 승천 때 바뀌게 되었는지 여러 방향으로 탐구할 수 있는데, 그중 '사람', '장소', '행동'이라는 제목 아래 몇 가지를 살펴보겠다.

1. 예수님은 사람으로서 더 나은 제사장으로 일하신다.
2. 예수님은 더 나은 장소인 하늘 장막에서 섬기신다.

3. 예수님의 더 나은 제사장적 임무(제물을 드리심, 중보, 축복)는 계속되며 확증된다.

하늘의 몸(사람)

히브리서의 저자는 예수님이 부활과 승천 후에 특별한 제사장 역할을 하게 되셨다고 주장한다. 이는 그분이 더는 단순히 땅의 제사장이 아니라 영광스러운 몸을 가진 하늘의 제사장이시기 때문이다. 예수님이 하늘에서 제사장이 되심은 두 가지 각도에서 확인되어야 한다. 즉, 하늘의 제사장인 예수님이 여전히 육신을 입고 있다는 점과 그가 승귀하신 순결한 제사장이라는 점이다.

구약성경은 제사장이 사람 가운데서 택한 자들이며(참조. 히 5:1) 승천이 예수님의 성육신을 지속시킨다는 점을 확실히 말해 준다. 예수님은 육신을 가지고 계시기에 여전히 우리의 제사장이시다. 우리는 승천을 우리의 시공간의 개념을 넘어서 생각해야 하지만 메시아의 승천을 또한 영원한 성육신과 연결하고 시공간과의 실제적 관계성도 고려해야만 한다. 제사장이신 그리스도의 승천은 여전히 '사람'이신 그리스도의 승천이다. 예수님의 인성은 승천 후에 결코 사라지지 않았다. 오히려 이를 더욱 확증했다.[7]

---

7 Douglas Farrow, *Ascension and Ecclesia: On the Significance of the Doctrine of the Ascension for Ecclesiology and Christian Cosmology* (Grand Rapids:

메시아의 승천으로 인해 그분의 육체성이 없어졌다고 생각한다면 엄청나게 많은 신학적 문제가 야기될 것이다. 이는 "만약 예수님이 사람으로 승천하지 않으셨다면 사람으로 다시 오실 수 없기 때문"이며 예수님이 인간의 몸을 입고 있지 않으시다면 인간의 제사장으로 섬길 수 없기 때문이다.[8] 따라서 승천은 육신 '가운데' 계신 그리스도를 더욱 영화롭게 했다. 달리 말하면, 누가는 승천을 기록할 때 역사를 무시하지 않는다. 그는 종말론이 역사를 결정한다고 주장한다. 메시아의 승천은 예수님의 성육신의 정점이 된다.

이렇게 승천은 예수님의 물리적 존재의 중요성도, 성육신의 중요성도 희석하지 않았다. 오히려 승천은 성육신을 드높였고, 확증했다. 승천은 "삼위일체적인 생명과 사랑의 열린 지평 위에 인간을 단번에 세운 사건"이라고 패로우는 말한다.[9] 비록 이제 예수님은 자기 백성을 가시적이고 물리적인 모습으로 만나지 않으시지만, 토런스에 의하면 그분의 승천은 "우리를 역사적인 예수에게로 돌려보낸다. 역사적 예수가 곧 하나님이 인간과 만나기 위해 시간과 땅 안에서 정하셨던 언약

Eerdmans, 1999), 242.

8 Gerrit Scott Dawson, *Jesus Ascended: The Meaning of Christ's Continuing Incarnation* (New York: T&T Clark, 2004), 5.

9 Douglas Farrow, *Ascension Theology* (New York: Bloomsbury, 2013), 36.

적 장소이기 때문이다."[10]

예수님이 성육신의 상태로 계속 존재하신다는 것은 그분의 제사장적 정체성의 한 면모를 보여 주는데 그의 순결함과 그의 몸의 높아지심 역시 그러하다. 땅의 제사장과는 달리 예수님은 거룩하고 악이 없고 더러움이 없고 죄인에게서 떠나 계신다(히 7:26). 그분은 여호와의 산에 올라갈 자가 누구일지 다윗이 물었던(시 24편) 바로 그 순결한 제사장이시다. 자기의 죄와 민족의 죄를 위해 계속 제사를 드려야 했던 구약성경의 제사장들과 달리 예수님은 죄가 없는, 구별된 분이셨다.

예수님은 또한 하늘 높이 올라가셨다는 점에서(히 7:26) 여느 제사장과 다르다. 예수님은 여전히 사람이시지만 땅에서 가지셨던 몸과 동일한 몸을 가지고 계시지는 않는다. 그분은 하늘로 오르사 변형된 몸의 형체를 입으셨다(빌 3:21; 고전 15장). 예수님은 그저 버리기 위해 인간의 몸을 입으셨던 게 아니다. 우리의 진정한 제사장으로서 인성을 완전하게 하려고 인간의 몸을 입으신 것이다.

구약성경에서 제사장은 하나님 앞에서 인류를 대표하기 위해 사람에게서 택함을 받았다. 그들은 하나님의 영광을 감당

---

10 Thomas F. Torrance, *Atonement: The Person and Work of Christ*, ed. Robert T. Walker (Downers Grove, IL: IVP Academic, 2014), 292.

할 수 없어서 향 연기 안으로 들어가야 했다. 그리스도는 영화로운 몸으로 하나님 우편에서 더 나은 제사장으로 섬기고 계신다. 오직 변형된 몸만이 하나님의 진정한 영광을 뵙고도 죽지 않는다. 이것이 바로 예수님이 제자들에게 "내가 가는 곳에는 너희가 오지 못하리라(요 8:21-22; 13:33)"라고 말씀하신 이유다. 우리의 몸은 새로워지지 않았으며, 예수님처럼 죽음을 이기지도 못했다. 예수님만이 영원 영구히 우리를 중보하실 수 있는데 이는 예수님이 우리의 변함없는, 높아지신, 그리고 순결하신 제사장이시기 때문이다.

그러므로 예수님은 진정한 제사장이시다. 그분은 장차 하나님과 영원히 함께 거할 사람들의 첫 열매로서 인류를 대표하는 하나님-인간이시다. 그는 땅의 제사장과 같지 않다. 땅의 제사장은 자기 육신의 연약함을 통해 중보했고 가끔씩만 하나님께 나아갈 수 있었다. 예수님은 부활의 능력 속에서 계속해서 일하시고 섬기신다.

하늘 장막(장소)

예수님은 승천 후 더 나은 몸을 갖게 되셨으므로 더 나은 제사장으로 일하실 뿐 아니라 더 나은 장소에서 섬기신다. "승천은 단순히 어떤 한 장소'로부터' 없어진 것이 아니라 어떤 한 장소'로' 이동해 간 것이다"라고 패로우는 말한다.[11] 하늘은 정말 장소다. 하지만 또한 우리가 인간의 용어로 지칭할 수 있는 한계 너머의 곳이다. 그가 거하시는 장소는 우리의 시공간을 모두 초월하기 때문에 우리의 지도 어디에도 표시할 수 없다. 하늘에 가셨을 때, 예수님은 옛 피조물에서 새 피조물이 되셨다.[12] 하늘은 하나님이 거하시는 장소, 우주의 통제실이다.

구약성경은 성막 구조에 대해 현기증이 날 정도로 자세히 설명해 준다. 구약성경과 히브리서 저자 모두 이 성막 구조의 세부 사항을 중요하게 여겼으며 이것이 더 중요한 어떤 것을 가리킨다고 주장한다. 성전과 성막 내의 구역들은 우주를 상징했다. 따라서 성막은 우주의 축소판이며 하나님의 임재로 올라갔을 때의 모습을 보여 주는 기능을 한다. 지성소는 하나님이 계시는 가장 높은 하늘을 의미하며 성소는 그 아래의 하늘과 같고, 성막 뜰은 이스라엘 땅이었으며, 성막 뜰 바깥쪽은 세상과 바다를 나타냈다.

승천 후 예수님은 실제로 가장 높은 하늘에서 섬기기 시작하셨다. 지성소는 예수님이 이제 승천을 통해 실현하신 그 실

---

11 Farrow, *Ascension Theology*, 45.
12 이 문맥은 패로우의 글에 기반한다. Farrow, *Ascension Theology*, 43-49.

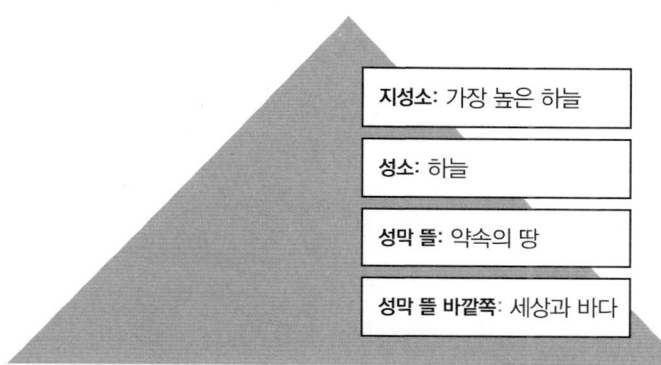

체에 대한 상징이 되었다. 제사장은 땅에서 제사를 드렸지만, 예수님은 진정한 장막에서 자기 피로 제사를 드리신다. 히브리서 저자는 두 번이나 예수님이 "참 장막(히 8:2)," 또는 "더 크고 온전한 장막(히 9:11)"에서 섬기신다고 선언한다.

두 본문 모두에서 하늘 장막이 더 나은 이유는 주께서 이를 세우셨기 때문이다. "이 장막은 주께서 세우신 것이요 사람이 세운 것이 아니니라(히 8:2)." 또한, 이 장막은 "손으로 짓지 아니한 것 곧 이 창조에 속하지 아니한(히 9:11)" 장막이기 때문이다. 성경에서 "손으로 지은 것"은 옛 피조물을 가리키며 "손으로 짓지 아니한 것"은 새 피조물을 가리킨다(단 2:34, 45;

막 14:58; 행 17:24; 히 9:11, 24).[13] 요지는 땅의 성막이나 성전에 결함이 있었다는 것이 아니라 일시적이었다는 점이다. 하나님은 가장 높은 하늘을 만드셨다. 카를 바르트가 말하는 바와 같이 하늘은 "땅과 절대적으로 다르고 땅보다 높으며 그렇기에 땅과 정반대이다."[14] 제사장들은 가장 높은 하늘을 상징하는 곳에 들어갔다. 예수님은 가장 높은 하늘에 들어가셨다.

예수님은 승천 때 아주 독특한 방법으로 제사장 역할을 완수하셨는데 이는 그가 이제 진정한 장막, 곧 하늘 장막에서 섬기게 되셨기 때문이다. 하지만 그는 또한 진정한 사람으로서 이 일을 하신다. 대제사장은 하나님 앞으로 나아갔으며 새 피조물을 아주 잠시 부분적으로만 볼 수 있었으나 이제 예수님은 하나님이 직접 만드신 곳에서 섬기신다.

하늘에서 바치심(행동 1)

우리에게 더 나은 제사장(사람)과 더 나은 장막(장소)이 있지만, 제사장은 무엇보다도 그들이 '하는 행동'을 통해 정체성이 규정된다. 제사장은 사람으로부터 택함을 받았지만, 제물과 제사를 드림으로써 인류를 대신해서 '행동'하도록 임명받

---

13 어떤 때 "손으로 만든 것"은 우상 숭배를 나타낸다. 이 주제는 사람들이 자기 손으로 하나님께 가는 길을 만들려고 시도했던 바벨탑 이야기까지 거슬러 올라간다(창 11:1-9).
14 Karl Barth, *Church Dogmatics* (Edinburgh: T&T Clark, 1932-1967), IV.15.2, 153.

았다. 대제사장은 주로 속죄일에 백성을 위해 제사를 드리는 일을 했다.

구약의 제사장들은 이스라엘을 데리고 휘장 뒤로 들어갔다. 그들은 제물을 바쳤기에 이곳에 들어갈 수 있었다. 예수님의 중보 역시 십자가에서의 제사적 사역에 기반을 둔다. 예수님의 제사장적 사역에는 중보도 포함된다. 하지만 중보는 제사를 동반하지 않고는 일어날 수 없다. 모세, 레위인, 다윗이 그랬던 것처럼 승천과 중보는 오직 제사 후에만 일어난다. 따라서 중보는 더욱 근본적인 것에 그 기반을 두고 있는데 바로 제사다. 속죄는 중보가 설 수 있는 기반이라 할 수 있다.

예수님은 하늘에서 다시 혼자 제사를 지내지 않으신다. 이미 드려졌던 피를 '바치신다.'[15] 그분의 죽음은 단번에 자신을 드린 것이었다(히 7:27; 9:28; 10:12, 14). 그분은 휘장 뒤 보좌가 있는 방에 피 묻은 몸으로 들어가신다. 구약성경의 제사장들은 휘장과 겉옷, 그리고 몸에 피를 뿌리고서야 하나님의 임

---

15 돈(Donne)은 제사가 끝났지만 '제사는' 영원히 남아 있다고 말한다. Brian Donne, *Christ Ascended: A Study in the Significance of the Ascension of Jesus Christ in the New Testament* (Exter, UK: Paternoster, 1983), 37. 스위트(Swete)는 이와 비슷한 내용을 다음과 같이 주장한다. "하늘은 제사를 드리는 장소가 아니며 우리 주님은 더 이상 제사를 드리는 제사장이 아니다. 그분은 영원한 한 번의 속죄 제물을 드리셨다. 하지만 가장 거룩한 곳에 계심으로써 그는 하나님 앞에 이미 드렸던 제물을 지속적이고 효과적으로 바치신다." H. B. Swete, *The Ascended Christ: A Study in the Earliest Christian Teaching* (London; Macmillan, 1911), 43.

재 가운데로 들어갈 수 있었다. 예수님도 이같이 아버지 앞에서 피를 묻히고 나아감으로써 속죄 행위를 끝마치셨다. 이런 이유로 승천은 십자가를 옛일로 만들지 않으며 오히려 언제나 우리 눈앞에 있게 만든다.[16] 믿음으로 말미암아 우리도 고개를 들어 우리를 위한 그리스도의 희생을 바라볼 수 있다.

그리스도가 제물을 바치심은 하나님과 인간 사이의 깨진 언약을 회복시키며 하나님과 그의 백성이 매우 친밀하게 연합되도록 만든다. 우리는 예수님과 연합되었기에 그가 하늘에서 하시는 일로 말미암아 아버지의 사랑과 임재의 유익을 누리게 된다. 토런스는 이렇게 말한다. "그리스도는 우리를 위해 단번에 십자가에서 희생 제물이 되셨지만, 그는 하늘 성소로 승천하사 자신을 바치기 위해 아버지의 얼굴 앞에서 영원히 사신다(또한, 그가 '우리를 위해' 그렇게 하셨기에 우리도 '그의 안에서' 영원히 산다)."[17]

만약 예수님이 하늘을 떠나신다면 우리의 구원에 대한 서약도 없어질 것이다. 만약 예수님이 하나님의 임재 가운데 계시지 않다면 우리도 하나님의 임재 앞에 있을 수 없을 것이

---

16 William Milligan, *The Ascension and Heavenly Priesthood of Our Lord* (Eugene, OR: Wipf & Stock, 2006), 143.
17 Thomas F. Torrance, *Royal Priesthood: A Theology of Ordained Ministry* (Edinburgh: T&T Clark, 2003), 14-15, 17.

다. 우리가 하나님 앞에 있을 수 있는 이유는 그리스도께서 하나님 앞에 계시기 때문이다. 이를 좀 더 요지에 맞게 말하면, 메시아의 승천 없이 우리는 하나님의 언약적 임재 안에 있을 수 없다고 할 수 있다. 승천은 좋은 소식이다. 이는 예수님이 자신의 백성을 위해 하나님 우편에서 중보하시고 자신의 흉패에 우리를 데리고 하나님 앞으로 가시기 때문이다.

하늘에서 중보하심(행동 2)

승천 때 인류를 대신한 예수님의 제사장 사역은 멈추지 않았으며 새 시대로 들어갔다. 메시아는 승천함으로써 아주 독특한 방식으로 인류를 위해 중보할 수 있게 되셨다. 우리는 예수님이 하나님의 우편에 앉으심으로 그의 일을 끝내셨다고 생각하기 쉽지만, 이는 부분적으로만 옳다(히 1:3). 예수님은 단순히 앉아서 쉬기 위해 하늘에 올라가시지 않았다. 중보 사역이 다 끝났기에 하늘로 올라가신 것이 아니다. 앉아 계신 동안에도 계속하여 섬기신다.

히브리서 8:1-2은 이 사실을 분명히 말해 준다.

지금 우리가 하는 말의 요점은 이러한 대제사장이 우리에게 있다는 것이라 그는 하늘에서 지극히 크신 이의 보좌 우편에 앉으셨으니 '성소'와 참 장막'에서 섬기는' 이시라 이 장막은 주께서 세

우신 것이요 사람이 세운 것이 아니니라

히브리서는 예수님의 좌정하심을 섬김과 연결한다. 우리는 여전히 하늘에서 일하시는 대제사장을 누리고 있다. 그분의 사명은 아직 끝나지 않았으며, 그분이 완수하신 제사에 그 근거를 두고 있다. 마치 레위인들이 땅에서 했던 것처럼 하늘 성소에서 섬기신다. 히브리서 7:25은 그리스도가 항상 살아 계셔서 믿는 자들을 위하여 간구하신다고 확언한다. 로마서 8:34은 그리스도가 "하나님 우편에 계신 자요 우리를 위하여 간구하시는 자"라고 설명한다. 간구는 보통 청원의 형태로 이해된다. 예수님은 자기 백성을 대신하여 간청하시고 하나님 아버지는 언제나 그의 간청을 들으신다. 그래서 우리 주님은 우리를 위해 지속적이고 끊임없이 기도하신다.

앞에서 나는 예수님이 또 다른 보혜사인 성령을 보내 주셨음을 강조했다(요 14:16). 하지만 성경에는 두 분의 보혜사가 나온다. 예수 그리스도도 아버지 앞에서 우리를 위한 대언자가 되신다(요일 2:1). 즉 우리에게는 외적 보혜사(예수 그리스도)와 내적 보혜사(성령) 두 분이 계신다.[18] 보혜사 한 분은 하늘에, 한 분은 땅에 계신다. 아들은 아버지와 '함께' 우리를 위

---

18 Milligan, *Ascension and Heavenly Priesthood*, 159.

해 간청하시고, 성령은 이러한 유익을 우리에게 '전해 주신다.'

예수님은 우리를 위해 간청하시고 중보하신다. 하늘에 계신 우리의 청원자이시다. 히브리서 2:11-13에서는 이러한 활동을 더 자세히 설명한다. 예수님은 우리의 이름을 부르신다. 그리고 교회 가운데서 그는 자기 백성의 찬송을 함께 부르신다. 우리를 형제라 부르기를 부끄러워하지도 않으신다. 자신이 대신 몸값을 치르신 자들에 대해 아버지의 우편에 앉아서 아버지 하나님께 말씀드린다. 예수님은 하나님께 자기의 가슴에 있는 열두 개의 돌을 보여 드리며 그들을 위해 청원하신다. 또한 "볼지어다 나와 및 하나님께서 내게 주신 자녀라(히 2:13)"라고 칭하신다.

참으로 놀라운 사실이다. 예수님은 승천하셔서 아버지의 우편에 좌정하사 자기 백성을 위해 간청하시고, 중재하시며, 중보하신다. 예수님은 자기 백성을 부끄러워하지 않으신다. 하나님-인간으로서 아버지 앞에서 자랑스럽게 자기 백성을 대변하신다. 옛 제사장이 흉배에 보석을 붙였듯이 그분은 당신을 가슴에 담고 계신다.

하늘에서 축복하심(행동 3)

제사장은 기본적으로 하나님 앞에서 섬기는 사람들이었다.

그들은 드려진 제사에 근거해서 백성을 중보했다. 이 중보에는 목적이 있었다. 하나님의 얼굴로부터 복을 받아 이 복을 하나님의 백성에게 나누어 주는 것이었다. 구약성경에서 대제사장은 회막을 떠날 때 손을 들어 백성을 축복했다(레 9:22-23). 이는 이스라엘을 축복했던 모세와 아브라함을 축복했던 멜기세덱을 따른 행동이었다. 민수기에는 제사장이 축복하는 내용이 나와 있다. "여호와는 네게 복을 주시고 너를 지키시기를 원하며 여호와는 그의 얼굴을 네게 비추사 은혜 베푸시기를 원하며 여호와는 그 얼굴을 네게로 향하여 드사 평강 주시기를 원하노라 할지니라 하라(민 6:24-26)."

예수님도 우리의 대제사장으로서 이와 비슷한 방식으로 우리를 축복하신다. 누가복음에서는 승천하시기 전 손을 들어 자기 백성을 축복하셨다(눅 24:50-51). 누가복음에서 하나님의 축복은 자주 하나님의 임재와 관계가 있다(눅 1:42, 68-69; 2:28-32). 사도행전은 이 축복이 성령을 포함한다고 기록하며, 요한복음 14:26-27은 성령이라는 선물을 민수기에 나오는 대제사장의 축복과 관련짓는다. 예수님은 보혜사가 자기 제자들에게 모든 것을 가르쳐 주시리라고 확언하신다. 더 자세하게 말하면 예수님은 이 내용을 가르치실 때 이렇게 말씀하셨다. "평안을 너희에게 끼치노니 곧 나의 평안을 너희에게 주노라(요 14:27)."

대제사장인 예수님은 자기 손을 백성 위로 펼쳐 성령을 통해 평안을 주시는 새로운 아론이다. 그분이 제사장으로서 주시는 축복은 평안을 끼치는 성령이다.[19] 켈리 캐픽(Kelly Kapic)이 말하듯이 "위대한 대제사장은 오셔서 축복을 선포하셨을 뿐 아니라 자신이 '축복이 되셨다'."[20]

토런스는 축복을 오순절과 연결하는데 이는 옳다. "오순절은 대제사장의 축복의 내용이자 실현이다. 그분은 만물을 자신의 임재로 채우시고 사람들에게 성령이라는 선물을 내려주시기 위해 승천하셨다."[21] 여기서 성령이라는 선물을 주시는 시기가 중요하다. 승천하신 '다음'이어야만 예수님은 제사장으로서 자기 백성에게 성령을 주실 수 있는 위치가 되는 것이다. 메시아의 승천은 제사장으로서 그분이 하시는 일의 완성이다. 그래서 어떤 청교도들은 승천을 로마가 이룬 승리에 상응하는 군사적 승리의 측면에서 말한다. 예수님은 자신

---

19 캐픽은 이렇게 말한다. "아론은 하나님이 얼굴을 백성에게 비추시기를 원하여 손을 들어 기도했던 반면, 이 성도들은 하늘로 올라가시는 예수님을 보며 빛나는 하나님의 실제 얼굴을 보았다. 과거의 사람들은 하나님의 은혜에 대해 듣기만 했지만, 이제는 은혜로우심 그 자체이신 하나님을 뵈었다. 이들은 하나님이 얼굴을 들어 주시기를 계속 바라왔는데 이제는 이 일이 실현됨을 보았다." Kelly M. Kapic, "Receiving Christ's Priestly Benediction: A Biblical, Historical, and Theological Exploration of Luke 24:50-53," *Westminster Theological Journal* 67, no.2 (2005): 252.
20 Kapic, "Receiving Christ's Priestly Benediction," 252.
21 Thomas F. Torrance, *Space, Time and Resurrection* (New York: T&T Clark, 2000), 118.

의 승리를 긍정적으로 그리고 부정적으로 입증하셨다. 즉, 자신의 적(죄, 사망, 사탄)을 묶으셨고, 그다음 선물(성령과 교회의 직분)을 나누어 주셨다.[22] 아버지의 오른편에 올라가셔서 예수님은 자기 백성을 성령으로 축복하시며 그들을 씻으시고, 깨끗하게 하셨다(계 1:5-6).

따라서 성령은 신자와 삼위일체 하나님의 연결 고리가 되신다. 성령을 통해 그리스도를 믿는 자들 안에는 성령이 거하게 되고 하나님으로 채워지게 된다. "주와 합하는 자는 한 영이니라(고전 6:17)." 예수님이 "아바, 아버지"라고 외치셨듯이 이제 교회도 성령을 통해 하나님을 "아바, 아버지"라고 부를 수 있다. 아버지와 가졌던 것과 같은 평화를 예수님이 우리에게 부여하신다. 그분은 성령을 통해 가졌던 것과 같은 기쁨을 우리에게 주신다. 예수님에게서 뿜어져 나오는 것과 같은 빛을 이제는 우리가 뿜어내게 된다.

그리스도의 제사장적 사역을 통한 성령의 축복은 우리가 아버지에게 더 가까이 가게 해 준다. 메시아의 승천은 아론의 축복처럼 예수님의 제자들에게 성령을 내려 주었다. 이제 우리는 우리에게 하나님과 화평을 누리게 해 주시는 성령이 주시는 선물로 말미암아 하나님의 임재 가운데 서게 된다.

---

22 Kapic, "Receiving Christ's Priestly Benediction," 259.

결론

땅에서 그리스도가 제사장직을 수행하셨다는 것은 영광스러운 사실이었다. 그분은 기름 부음을 받으셨고, 병을 고쳐 주셨으며, 중보하셨고, 축복하셨으며, 피로 자기 백성을 씻어 주셨다. 그러나 우리는 그분의 제사장직이 지금도 계속되고 있으며 그분이 하늘에 승천하심으로써 심지어 더 나은 시대에 접어들게 되었음을 또한 인식해야 한다. 승천은 그리스도의 제사장직의 방향을 바꾸는 아주 중요한 시점이다. 그리스도의 제사장직을 무시하거나 축소한다면 성경이 말하는 진행 방향에 맞지 않는다.

승천과 좌정 후 예수님은 영광스러운 몸으로 중보하는 하늘 제사장의 역할을 시작하셨다. 승천 후에 예수님은 진정한 하늘 장막에서 섬기기 시작하셨다. 승천 후에 우리를 대신해 중보하시고 아버지 앞에 자신의 피를 바침으로써 구약성경의 제사장들이 했던 것처럼 성막에서 섬기기 시작하셨다. 마지막으로, 예수님은 승천하신 후에야 비로소 성령을 부어 주심으로써 아론이 그러했던 것처럼 자기 제자들을 축복하셨다.

아론의 축복은 변환점을 가져온다. 그리스도가 성령을 부어 주시는 제사장적 임무는 교회가 "제사장 나라" 그리고 "산 돌"이라 불릴 수 있는 근거가 되었다. 이스라엘이 이 일에 부름을 받았지만, 성령이 오시고서야 비로소 하나님의 백성은

범주		땅에서의 제사장의 임무	하늘에서의 제사장의 임무
사람		흙으로 된 몸, 죄로부터 씻어 주심	영적인 몸, 죄에 물들지 않음
장소		땅의 장막	하늘의 장막
행동 / 섬기는 일	제사	자신을 제물로 희생하여 자기 피를 바치심	자기 피를 바치심
	중보	땅에서 자신의 제사에 근거하여 자기 백성을 중보하심	하늘에 계신 아버지 앞에서 기도하며 언약을 거듭 강조하심
	축복	말과 행동을 통해 자기 백성에게 평안을 주심	자기 백성에게 하나님께 나아갈 접근권과 평안, 또한 하나님께 가까이 갈 용기를 주시는 성령을 수여하심

그렇게 할 힘을 얻게 되었다. 그리스도는 성령을 주시는 행위를 통해 교회를 제사장으로 만드셨고, 교회는 하나님의 임재로 가득한 성전이 되었다.

제사장으로서의 교회

교회는 선지자의 역할과 또한 제사장의 역할도 담당한다. 그리스도께서 제사장직을 완수하셨다면 교회 역시 성령의 힘을 통해 이 일을 할 수 있다. 머리는 그 몸의 지체와 분리될 수 없다. 그리스도는 교회 안에 사시며 교회는 그분 안에 산다. 그리스도는 교회 안에 내주하시며, 교회는 그분 안에 거한다.

이것이 교회가 제사장 나라와 산 돌이라고 묘사되는 이유인데(벧전 2:5, 9), 바로 교회가 모퉁잇돌 위에 건축되었기 때문이다(벧전 2:4-8). 예수님이 하나님이 거하시는 곳인 성전이셨던 것처럼 이제 성령을 통해 유대인과 이방인 모두가 하나님이 거하시는 장소가 된다. 에베소서에서 바울은 그리스도 안에 있는 자는 그리스도 예수 위에 세워진, 그리고 거룩한 성전으로 자라 가는 하나님의 권속이라고 분명하게 선포한다(엡 2:19-21). 우리는 '성령에 의해서' 하나님이 거하실 처소가 되기 위하여 그리스도 예수 안에서 함께 지어져 간다(엡 2:22).

건축에 비유한 "세워진다"라는 이 언어는 서신서 전체에 즐비하게 나온다. 사도들은 성전을 세우는 제사장 역할을 하라고 교회에 촉구한다. 바울은 사랑은 덕을 세우고(고전 8:1), 예언은 자기의 덕을 세우며(고전 14:4), 성도들이 사역을 위해 세워지고(엡 4:12), 선한 말로써 듣는 자들을 세우며(엡 4:29), 권면이 서로를 세운다고(살전 5:11) 말한다.

교회는 이미 지어진 성전일 뿐 아니라 이스라엘의 역할, 즉 세상을 향한 제사장 나라의 역할을 완수하기도 한다. 죽은 자들 가운데서 먼저 나신 예수 그리스도는 아버지 하나님을 위하여 우리를 나라와 제사장으로 삼으셨다(계 1:5-6; 5:10; 20:6). 교회는 왕 같은 제사장으로, 위대한 대제사장의 아름다운 덕을 선포하기 위해 태어났다(벧전 2:9). 따라서 교회는 하나님의 임재와 이 땅 사이에서 중보하며 제사장으로서 행동한다. 이는 교회가 하나의 집단으로서 하나님의 성전이 되기 때문이다. 신약성경의 나머지 부분도 그리스도가 하늘에 계시므로 이제 어떻게 교회가 제사장의 역할을 감당할 수 있을 것인지를 보여 준다.

첫째, 교회는 '자기 자신'을 '제물로 드림'으로써 제사장의 역할을 감당한다. 구약의 제사장들은 여호와 앞에 동물을 제물로 드렸지만 그들의 삶 또한 하나님을 섬기는 일에 헌신했었다. 그들은 다른 족속들과 달리 땅을 분배받지 않았으며 그들의 삶은 하나님 앞에서 섬기기 위해 희생하는 삶이었다. 그러나 자기희생의 가장 궁극적인 예는 자신을 자기 백성을 위해 바치신 예수님이다. 그리스도의 제물은 우리가 계속해서 제물을 드리게 해 준다. "그러므로 우리는 예수로 말미암아 항상 찬송의 제사를 하나님께 드리자 이는 그 이름을 증언하는 입술의 열매니라(히 13:15; 또한 엡 5:2도 보라)." 우리는 영적 제사(벧전 2:5)와 하나님이 받으실 만한 예배(히 12:28)를 드려야 하며 우리의 삶마저도 부어지는 전제(빌 2:17; 딤후

4:6)와 같아야 한다.

이와 비슷하게 교회가 땅에서 제사장이 된다는 것은 그리스도인이 자신의 몸을 산제사로 하나님께 드린다는 의미다(롬 12:1). 이들은 자신의 십자가를 지고, 자신의 권리를 포기하며 죽기까지 예수님을 따라야 한다. 바울은 에베소서에서 우리가 사랑 안에서 걸어야 한다고 말하며 특히 그리스도의 희생을 모델로 삼아 이에 연결한다(엡 5:2). 이는 모든 악독과 노함과 비방하는 것을 버리는 것이다. 그리고 서로에게 친절하며 서로를 용서하는 것을 말한다(엡 4:31-32). 자기희생은 다른 이들의 유익을 자신의 유익보다 더 중요하게 생각하는 것이다. 그리스도가 십자가에서 자신을 비우셨듯이 이제 교회도 이 일에 부르심을 받았다.

둘째, 교회는 중보를 통해 땅에서 제사장의 역할을 한다. 바울은 계속해서 자기의 교회를 위해 기도하며(롬 1:10; 10:1; 엡 1:16; 빌 1:4; 골 1:3; 살전 1:2; 살후 1:11; 몬 4-6) 이들에게 자신을 위해 기도해 달라고 부탁한다(롬 15:30; 고후 1:11; 빌 1:19; 골 4:3; 살전 5:25; 살후 3:1). 그리고 에베소에 있는 성도들에게는 "항상 성령 안에서 기도하고 모든 기도와 간구를 하라(엡 6:18)"라고 명령한다. 그리스도의 몸을 위한 중보는 교회의 제사장적 임무의 한 부분이다.

그러나 교회는 교회 안에 있는 자들을 위해서만 중보하지는 않으며 자신을 핍박하는 자들을 위해서도 기도한다(마 5:44). 그리스도인은 모든 이들, 즉 임금들과 높은 지위에 있는 사람들을 위해서(딤전 2:1-2) 기도한다. 교회의 일원들은 자신의 거룩한 손을 제사장처럼 세상을 향해 들고 세상을 위해 중보한다. 이들은 하나님의 임재가 물이 바다를 덮듯이 세상을 덮게 해 달라고 중재하고 간구한다. 그리스도가 자기 백성을 위해 중보하셨듯이 그분의 백성도 이제 세상을 위해 중보한다. 구약성경에서는 여호와의 영광이 성막을 가득 채웠는데 이제는 여호와의 영광이 온 세상에 가득 채워지는 것을 위해 교회가 기도한다.

셋째, 교회는 지상에서 '어떻게 사람들이 하나님께 가까이 갈 수 있는지 가르치고 선포함으로써' 제사장의 역할을 감당한다. 교회의 일원들은 이렇게 함으로써 세상을 축복한 아론처럼 행하게 된다. 몸은 머리를 가리키며 그 생명의 근원이 오직 머리에서 온다는 것을 인식한다. 따라서 지상의 성직자들은 자기 자신이 아닌 제사장 예수님, 하나님의 임재 속에 계심으로써 우리가 하나님께 나아갈 수 있게 해 주시는 예수님께 주목하게 한다. 이들은 오직 승천하신 제사장을 통해서만 담대하게 하나님께 나아갈 수 있다고(히 4:16) 가르친다. 오직 그분이 쉬지 않고 중보하시기 때문에 세상은 대언자를 가질 수 있는 것이다(요일 2:1). 은혜는 오직 그리스도를 통해서만 받을 수 있다(롬 5:2). 오직 그분을 통해서만 유대인과 이방인이 모두 하나의 영 안에서 아버지께 나아갈 수 있기 때문이다(엡 2:18).

교회는 제사장으로서 대제사장을 가리킨다. 교회는 그분의 흥패를 바라보며 그분이 하늘에서 자신을 대표해 주심을 안다. 교회는 자신을 바라보지 않고 하늘에서 섬기고 계시는 위대한 대제사장을 바라본다. 그분이야말로 영원한 하나님과의 연합을 향해 세상이 품을 수 있는 유일한 소망이시다.

결론

예수님은 승천하심으로써 제사장으로 섬기는 역할을 독특하게 완수하셨을 뿐 아니라 새롭게 시작하셨다. 그의 제사장직은 하나님의 임명으로 주어졌다. 그분은 이 제사장직에 대하여 자신에게 영광을 돌리지 않으셨으며, 인간이 이 직분을 그에게 드린 것도 아니다. 여호와께서 그를 제사장으로 임명하신 것이다. "너는 내 아들이라 오늘 내가 너를 낳았도다(시 2:7; 히 1:5; 5:5)."

예수님은 인간으로서 제사장이시지만, 또한 영화롭고 거룩한 인간이며, 순결하고, 죄인과 구별되며, 하늘 위로 높이 올림을 받으신 분이다. 따라서 그분은 승천 후에 하늘 장막에서 섬기는 천상의 몸을 가지고 우리의 하늘 제사장으로 일하신다. 그 제사장직은 아론의 계열이 아니라 멜기세덱의 계열에서 나오기 때문에 영원히 유지된다.

제사장으로서의 예수님의 일과 섬김 또한 계속된다. 그는 자기 백성을 위해 중보하며 하나님 아버지 앞에 자기의 피를 바치신다. 그리고 아론이 했던 것처럼 자기 백성을 축복하시되 아론과 달리 성령이라는 선물로 축복하신다. 성령은 땅에서 우리를 변호하시고, 그리스도는 하늘에서 우리를 변호하신다.

메시아의 승천은 그분의 제사장직에 있어서 좋은 소식이다. 이 사건은 경시될 수도, 간과될 수도 없다. 이 사건은 그리스도의 제사장 임무에 변화가 생겼음을 알려 준다. 이제 그분의 제사장 임무는 이스라엘에만 국한되지 않고 우주적이다. 이 일은 영원하며 절대 끝나지 않는다. 이 일은 변함없고 그 무엇도 절대 이를 대신할 수 없다. 이 일은 실질적이고, 외적으로 드러나는 죄만을 다루지도 않는다. 이 일은 순결하고, 죄에 물들지 않았다. 이 일은 하늘의 일이며 땅의 일로 격하될 수 없다.

기뻐하라. 우리의 하늘 대제사장 그리스도는 영원하시다.

4장
왕의 승천: 만물을 다스리심

하나님이여 주의 보좌는 영영하며 주의 나라의 규는 공평한 규이니이다
_히 1:8

주로 선포됨

〈라이언 킹〉은 왕의 승천을 이야기한다. 영화 시작 부분에서 라피키라는 개코원숭이가 심바를 왕위를 이을 후계자로 '지명한다.' 라피키가 동물의 왕국 앞에서 심바를 들어 올리자 온 왕국이 심바에게 고개를 숙인다. 그는 미래의 왕인 것이다.

뒷이야기에서는 심바가 추방되었다가 다시 고향인 프라이드 락(Pride Rock)으로 돌아오는 과정을 보여 준다. 돌아온 심바는 스카 삼촌이 빼앗아 갔던 왕좌를 되찾기 위해 스카와 하이에나들과 싸워야만 했다. 심바는 왕으로 지명되었고, 임명

받았으며, 심지어 어둠의 세력을 정복하기도 했지만, 그의 임무는 여전히 완성되지 않은 채 남아 있었다.

영화 말미, 종종 간과되고마는 아주 중요한 장면이 나온다. 전투 직후 카메라가 갑자기 라피키를 비추어 이야기를 원점으로 돌리는 것이다. 라피키는 심바가 보도록 지팡이를 들어 프라이드 락을 가리킨다. 옛 시대는 끝나고 새 시대가 시작된다는 뜻이다.

심바가 자신의 왕국을 차지하고 왕으로 취임하려면 통치자가 있어야 할 바른 장소인 프라이드 락에 반드시 올라가 자신이 승리했다는 사실을 의식적으로 보여 주어야 한다. 심바는 극적으로 프라이드 락에 올라가서는 포효한다. 이때 다른 사자들은 그의 승리와 왕국과 권위를 인정한다. 심바는 영화 처음부터 왕으로 지명되었지만, 프라이드 락에 올라가고서야 비로소 왕으로 취임했다.

이같이 예수님도 복음서 시작부터 왕과 주로 '지명되신다.' 하나님은 그를 다윗의 아들이라 선포하시며 세례 때 그를 아들로 기름 부으신다. 예수님이 지상에서 맡은 사명은 어둠의 세력을 무찌르고, 죗값을 치르게 하시며, 자기 왕국의 정당한 통치를 회복하는 일이었다. 하지만 성경을 읽을 때 예수님의 승리까지만 읽고 그만둔다면 이야기의 끝을 다 읽은 것이 아니다.

예수님은 왕으로 '취임하셔야' 했다. 즉 보좌에 앉으시어 왕으로 인정되셔야 했고 아버지의 오른편으로 올라가셔야 했으며 보좌에 앉으사 아버지로부터 모든 통치권과 권세를 받으셔야 했다. 이렇게 하심으로써 왕으로서의 예수님의 임무가 절정에 이르고 계속 지속되는 것이다. 왕들은 통치하기 위해 보좌에 앉고 취임된다. 예수님은 땅에서 왕으로 행하셨다. 이제 그분은 하늘에서 왕으로 통치하신다. 승천은 왕의 승리에 관한 내용이다.

각 장에서 나는 그리스도의 삼중직이 그분의 승천 때 변화를 맞이했다고 논증했는데 이번 장은 좀 특별하다. 세 직분이 모두 전체의 한 부분이기는 하지만 왕권은 이 비유에서 가장 중요하고 따라서 그리스도의 왕권은 이 모두의 절정에 속하기 때문이다. 바꾸어 말하면, 다른 두 직분은 왕권에서부터 나오며 왕의 직분은 다른 직분들을 모두 포함한다. 헤페(Heppe)는 왕권이 역사적으로는 가장 마지막에 나왔지만 "다른 두 직분의 목적이 되는 더 우선적"인 것이라고 말한다.[1]

왕들은 통치하면서도 제사장과 선지자의 기능도 담당했다. 이들은 나라를 위해 중보했고, 여호와의 말씀을 백성에게 전

---

[1] Heinrich Heppe, *Reformed Dogmatics*, trans. G. T. Thompson (Grand Rapids: Baker, 1978), 453.

했다. 하지만 반대 방향의 흐름은 없었다. 선지자와 제사장은 왕처럼 통치하지는 않았다. 선지자는 하나님의 주권적 통치를 선포했고 제사장은 진정한 왕과 만났다. 토런스가 주장하듯 "그리스도의 제사장직은 왕 같은 제사장직이며 그리스도의 선포하심은 왕의 선포다."[2] 따라서 왕권은 이 비유의 뿌리가 되며, 그리스도의 승천에 있어 가장 중대한 의미를 제공한다.

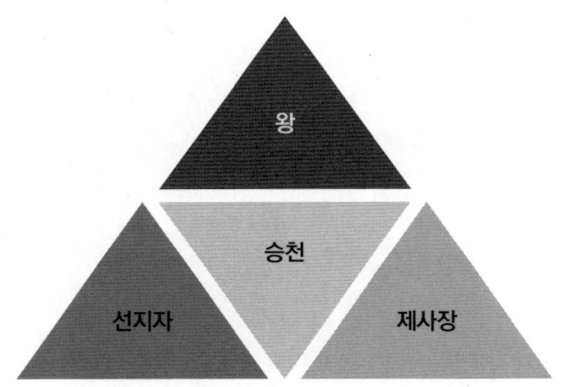

주 예수님

예수님은 이 땅에 왕으로 오셨다. 비록 1세기 사람들은 그

---

2 T. F. Torrance, *Space, Time and Resurrection* (Grand Rapids: Eerdmans, 1976), 107.

분을 선지자로 여겼고 그분이 행하신 일이 제사장과 같았지만, 복음서 저자들은 예수님이 이스라엘이 오랫동안 기다려 온 왕이라고 확신한다. 이 복음 전도자들은 예수님의 탄생을 왕의 탄생과 동일하게 묘사하고 있으며, 그분의 행동과 말도 왕처럼 묘사한다. 이야기의 절정인 그분의 수난 부분은 왕을 연상시키는 많은 요소를 담고 있다.

비록 때로는 간접적일 때도 있지만 복음서 저자들은 모두 예수님을 왕으로 묘사한다. 마태는 예수님의 탄생을 말하기 전에 예수님이 다윗의 아들임(마 1:1)을 선포하며 시작한다. 예수님은 왕가 출신으로서(삼하 7장) 하나님이 왕위를 이을 아들을 항상 주겠다고 약속하신 왕가에서 태어나셨다. 예수님이 태어나셨을 때 동쪽에서 온 동방 박사들이 물었다. "유대인의 왕으로 나신 이가 어디 계시냐?(마 2:2)"

공생애 때 예수님이 하신 말씀은 왕의 모습을 많이 나타냈다. 예수님이 전한 메시지는 요약하면 하나님 나라에 관한 것이었다(마 4:17; 막 1:15; 눅 4:43; 요 18:36). 예수님은 끊임없이 제자들에게 이 나라를 가리켜 보여 주셨고 사람들을 이 나라로 부르셨으며 장차 올 나라에 대해 말씀해 주셨고 이 나라의 본질을 설명하는 비유를 가르쳐 주셨다(마 13장; 막 4장). 예수님은 자신의 다스리심과 이 땅의 독재자의 다스리심을 비교, 대조해 주기도 하셨다(눅 22:25). 예루살렘에 예수님이 오셨을 때 마태는 이 사건이 나귀를 타고 오실 이스라엘의 왕에 대한 선지자 스가랴 예언의 성취(마 21:5)라고 밝힌다. 또한 복음서에서는 여러 사람이 예수님을 다윗의 아들이라 외쳐 부르기도 한다(마 9:27; 12:23; 15:22; 20:30-31; 21:9; 22:42; 막 10:47-48; 눅 18:38-39).

왕들은 율법서를 묵상하고 가르쳐서 나라를 번성하게 하는 일에 부르심을 받았을 뿐 아니라 율법서의 규례를 지켜 행하는 일에 백성에게 모범이 되도록 부르심을 받았다(신 17:18-20). 만약 왕들이 이 부르심대로 행한다면 이스라엘은 축복을 받은 것이다. 예수님은 왕국의 복음을 선포하셨고, 또한 백성 가운데 있던 모든 병과 약함을 치유하셨다(마 4:23). 율법을 가르치셨고(마 5-7장), 자신의 삶에서 이를 지켜 행하셨다. 지혜로운 왕이셨고 "살아 있는 율법"이셨다.

마태는 예수님이 어떤 주제를 가르치실 때 그 일을 직접 수행하기도 하셨음을 특히 강조한다. 예수님은 제자들에게 온유하라고 가르치셨는데(마 5:5) 마태는 예수님을 온유하고 마음이 겸손하신 분으로 묘사한다(마 11:29; 21:5). 예수님은 제자들에게 정의, 긍휼, 성실을 가볍게 여기지 말라고 하셨는데(마 9:13; 12:7), 그 자신이 왕으로서 다니시며 나병 환자와 혈루병 걸린 여인과 이방인의 집에 있는, 죽었다고 생각되는 여자아이를 기꺼이 만지셨다(마 8-9장). 예수님은 제자들에게 누가 오른뺨을 치면 왼뺨도 돌려대라고 하셨는데(마 5:39) 재판을 받으실 때 다른 이들이 그분의 얼굴에 침을 뱉고 때리는 것을 허락하셨다(마 26:67; 27:30). 예수님은 진정한 왕으로서 율법을 가르치셨을 뿐 아니라 직접 행하신 것이다.

왕의 모습은 수난 장면에도 많이 담겨 있다. 예수님은 정말 "유대인의 왕"이냐는 질문을 받으셨다(마 27:11; 막 15:2; 눅 23:3; 요 18:33). 군사들이 예수님의 옷을 벗기고 그분에게 홍포를 입혔다(마 27:28; 막 15:17; 요 19:2). 머리에 가시면류관을 씌우고 손에 갈대를 들리고는 "유대인의 왕이여, 평안할지어다!"라고 말하며 그분을 조롱했다(마 27:29-30; 막 15:19; 시 2:9). 그들은 예수님에게 왕처럼 면류관을 씌우고는 그분의 왕권을 빼앗았다.

십자가 위 죄패는 예수님의 왕권에 대한 최후의 역설적인 선포다. 흥미롭게도 이 죄패에 쓰인 말이 무엇이었는지는 복음서 저자들끼리 서로 일치하지 않지만, 이들 모두 예수님을 유대인의 왕으로 선언한다(마 27:37; 막 15:26; 눅 23:38; 요 19:19). 예수님은 왕이라는 혐의로 십자가에 달리신 것이다. 로마인들은 이렇게 왜 이 사람이 십자가에 달려야 했는지를 세상에 선포했지만, 복음서 저자들은 이를 냉소적으로 비꼬아 독자들에게 왕이 보좌에 좌정하셨음을 선언하고 있다. 이 표시는(아람어, 라틴어, 헬라어로 적힘) 당시의 세상 전체를 향해 예수님을 '왕'이라고 선포했던 것이다.

요약하면, 복음서는 예수님이 왕으로 오셨다는 사실을 증언한다. 그분의 사명은 이 땅에 그의 나라를 세우는 것이었지만 이 일을 고난과 죽음을 통해 이루셨다. 이 희생적 행동으로 어둠의 세력을 정복하고 자기 백성의 죄를 용서하셨으며 이들이 따라야 할 모범을 보여 주셨다. 하지만 이전에 지적했듯이 그분의 왕권은 그분의 생애와 죽음을 넘어 확장되어야 한다. 메시아의 승천은 이러한 왕의 모습이 완성되는 데에 결정적인 부분이 된다.

왕의 초상

사사 시대까지 이스라엘에는 정식으로 승인받은 왕이 없었지만, 왕이라는 개념은 사울과 다윗 전부터 있었다.[3] 후에 이

---

3   태초부터 하나님은 진정한 우주의 왕으로 계셨다고 이해할 수 있다. 시편 93:1-2은 "여호와께서 다스리시니 스스로 권위를 입으셨도다… 주의 보좌는 예로부터 견고히 섰으며 주는 영원부터 계셨나이다"라고 선언한다. 시편 47:2에는 여호와께서 "온 땅에 큰 왕"이 되신다고 나와 있다. 하지만 하나님은 또한 자신의 대리인(들)을 통해 왕권을 행사하기도 하신다. 아담, 하와, 아브라함, 그리고 이스라엘은 모두 땅에서 왕과 여왕이 될 이들이었다. 아브라함은 왕적인 인물로 나타난다(창 12:2-3; 17:2, 6, 6, 16; 22:18). 그는 왕의 후손을 낳았다("왕들이 네게로부터 나오리라[창 17:6])." 하나님은 아브라함이 큰 민족을 이루게 하실 것과 그를 축복하실 것 또한 그가 복이 되도록 그의 이름을 창대

스라엘은 공식적인 왕을 세웠는데 이 왕이 되려면 몇 가지 자격 요건과 권리와 의무가 뒤따랐다. 왕은 공평과 정의로 통치하기 위해 하나님께 선택받아야 했고 이스라엘의 적을 무찔러야 했으며 율법이 잘 지켜지게 하고 세상을 축복해야 했다. 구약성경은 이런 점들을 묘사하면서 이스라엘 왕들이 이러한 일들을 행할 때 얼마나 힘과 의가 부족했는지를 잘 보여 준다. 따라서 각각의 왕의 모습을 보며 독자들은 진정한 새 왕이 오기를 갈망할 수밖에 없었다.

첫째, 왕은 여호와께서 선택하셨다. 이들은 그분의 아들이자, 대표자였다. 신명기 17:15은 이스라엘의 왕이 "네 하나님 여호와께서 택하신 자"이어야 한다고 설명한다. 왕은 이스라엘 사람이어야 했으나 이스라엘의 왕을 선택할 분은 바로 하나님이셨다. 이 사실은 왕국 시대 때 취임한 세 명의 왕을 통해 잘 드러난다. 사울은 하나님의 선지자 사무엘에 의해 기름 부음을 (선택을) 받았다(삼상 9:17; 10:10). 똑같은 예식이 다윗(삼상 16:13)과 솔로몬(왕상 1:39)에게도 행해졌다. 이스라엘의 왕들은 스스로 이 기름 부음을 받을 권리를 요구할 수 없었으며 하나님 자신과 그분의 사자에 의해 왕으로 임명받았다.

둘째, 기본적으로 왕은 통치하는 일을 맡았다. 이들은 하나

하게 하실 것을 약속하셨다(창 12:2). 이 모든 것이 왕과 왕국에 대한 약속들이다.

님의 질서가 이 땅 위에 이루어지게 하는 하나님의 대리인이 되어야 했다. 왕은 공평과 정의로 통치해야 했다. 시편 72편에서 솔로몬은 백성을 다스리기 위해 공평과 정의를 구한다. 왕은 자기 자신을 위해서는 말이나 아내, 금을 많이 소유할 수 없었다(신 17:16-17). 자신을 섬길 남녀 백성이나 땅도 많이 둘 수 없었다(삼상 8:10-18). 왕의 통치에는 또한 적을 무찌르는 일도 포함되어 있었다. 왕은 나라를 수비해야 했다. 사울은 야베스 사람들의 곤경에 대해 듣고 백성을 모아 암몬 사람들을 쳤다(삼상 11:5-11). 이 사건 후 백성은 사울을 왕으로 삼았고(삼상 11:15), 이야기의 해설자는 이것이 그의 왕권의 시작점이었음을 알린다. 이와 같은 전사의 정신은 주변 여러 적을 정복했던 다윗의 왕권에도 잘 나타난다.

셋째, 왕은 율법책을 따르고, 즐거워하며, 백성이 이를 잘 지키게 해야 했다. 공평과 정의로 통치하는 방법은 율법을 필사해서 자신의 전 생애에 걸쳐 읽는 것이었다. 이렇게 하는 목적은 지혜로운 왕, 즉 하나님을 경외하고(진정한 왕) 모든 명령을 지키는 왕이 되기 위함이었다(신 17:18-19). 다윗은 죽을 때가 다가오자 솔로몬을 가까이에 불러 솔로몬이 왕으로서 "네 하나님 여호와의 명령을 지켜 그 길로 행하여 그 법률과 계명과 율례와 증거를 모세의 율법에 기록된 대로 지켜야 한다(왕상 2:3)"라고 말했다. 요시야의 개혁은 새로 발견한 율법책을 읽고 회복을 선언함으로써 시작되었다(왕하 22-23장).

마지막으로, 왕은 국가와 세상을 하나님께 받은 지혜, 정의, 권위로 축복해야 했다. 아브라함은 복의 근원이 되기 위해 복을 받았다(창 12:2). 축복은 쌓아 두거나 가두어 두거나 이기적인 목적으로 모아 두기 위함이 아니었다. 하나님은 왕들이 이러한 복을 확장하게 하시려고 이들에게 복을 주셨다. 시편 72편은 이런 일들이 왕이 백성을 위해 한 일임을 잘 보여 준다. 왕은 풀에 내리는 비와 같았고, 어려운 사람들을 구했으며, 음식을 제공해 주었다. 솔로몬은 성전을 지은 후 얼굴을 돌려 이스라엘 온 회중을 위해 축복했다(왕상 8:14). 이렇게 함으로써 왕은 하나님의 임재를 이스라엘 백성이 누리도록 했다.

위의 모든 내용은 이상적인 왕의 모습들이다. 이스라엘의 어떤 왕도 이런 요건들을 다 행하며 살지는 못했다. 이스라엘의 암흑기에 왕들은 스스로 왕이 되기도 하고 이 위치에 오르기 위해 남을 죽이기도 했다. 이들은 말과 아내를 많이 두었고 자신의 힘, 심지어는 다른 신들의 힘에 의지하기도 했다. 특히 의로운 목적보다는 이기적인 목적을 위해 통치했다. 사무엘은 왕이 세워지면 왕이 백성의 아들들과 딸들, 그리고 땅, 음식과 가축을 가져갈 것이라고 사람들에게 경고했다(삼상 8:10-18). 그뿐 아니라 이스라엘도 주변 국가들에게 정복되리라고 말했다. 이스라엘의 왕들은(북 왕국과 남 왕국 모두) 이방 신들을 따랐으며 율법을 잊어버렸다. 이처럼 왕들은 이스라엘도, 세상도 축복하지 못했다.

이렇게 구약성경은 이 모든 역할을 완수하실, 새롭게 오실 왕에 대한 기초를 닦아 준다. 예수님의 왕위는 그가 아버지의 오른편에 앉고서야 비로소 완전히 나타났으며 그가 다시 오실 때 가장 완전하게 드러나게 될 것이다. 메시아의 승천은 그분이 자기 백성을 위해 죽으시고 그들을 위해 싸우신 후 왕좌에 앉게 되셨음을 나타낸다. 이제 그분은 모든 정의와 공평으로 새롭게 통치하실 것이다.

왕의 승천을 암시하는 이야기들

구약성경은 왕의 의무와 권리에 대해 말해 줄 뿐 아니라 장차 하나님께 오르사 좌정하실 미래의 왕을 암시해 주기도 한다. 구약성경의 매우 중요한 본문 몇 군데에서 세상을 통치하기 위해 승천할, 장차 오실 이스라엘의 왕에 대한 이야기가 나온다. 메시아의 승천은 시편 2편, 110편, 그리고 다니엘서 7장에 암시되어 있다.

이 본문들은 성경 전체에서 중심이자 절정이다. 이스라엘 백성은 왕의 승리를 기다리고 있었다. 이들은 자신들의 통치자가 왕으로 임명되어 온 왕들 위의 왕이 되어 면류관을 쓰게 될 날을 기대하고 있었다. 그 왕이 적을 무찌르고 공평과 정의로 다스리며 율법책을 묵상하고 이스라엘을 축복하며, 이로써 온 세상을 축복할 시대를 기대하고 있었다. 몇몇 주요 본문이 이러한 날이 오리라고 말하고 있으나 사람들은 아직 기다려야 했다. 따라서 승천은 이미 오래전부터 예견되었다고 할 수 있다. 메시아의 승천은 유대인들의 소망에 있어 중심을 차지했다.

누가의 글에서는 땅에서의 관점으로 승천이 묘사되지만, 이 구약 본문들은 하늘에서 일어나는 일들을 보여 준다. 이 본문은 휘막 너머를 살짝 보여 주며 그리스도의 승천과 통치를 예견해 준다. 예수님이 승천하셨을 때 바로 이 주요 본문들이 현실로 이루어졌다.

아담과 하와의 내려옴

예수님은 왕으로 승천하셔야만 했는데 이는 성경 이야기가 비극적으로 내려오는 일에서 시작하기 때문이다. 아담과 하와는 에덴동산에서 창조되었다. 이들은 왕의 가문이 되어 하나님이 하셨듯이 온 땅을 다스리고 하나님의 질서를 세우기 위해 창조되었다. 왕으로서의 이들의 역할은 아담과 하와가 하나님의 형상과 모양을 따라 만들어졌다는 본문에 분명히 드러난다. 형상과 모양이라는 개념은 두 가지 주요 내용을 전달하는데 이는 왕권과 아들 됨이다.

고대 세계에서 왕은 하나님의 형상을 대표했다. 즉, 이들은 신들을 대신해서 통치했다. 이 고대의 왕들은 신들의 특징을 대신해서 보여 주었고, 신들의 살아 있는 형상으로서 우주적 조화를 이루기도, 파괴하기도 했다. 아담과 하와는 동산에서 자신들의 왕에게 반역했고 자신들을 위해 그분의 능력을 강탈하려고 했다. 이에 하나님은 이들을 산에서 내려가게 하시고 왕의 임무를 수행할 때 고생과 수고를 하게 만드셨다.

따라서 성경 전체 이야기 속에는 공간적 변화가 일어난다고 할 수 있다. 왕과 여왕으로서의 인류는 하나님의 산에서 떨어졌다. 이 이야기는 누군가 하나님 자신이 계신 곳에 올라가야만 해결될 수 있었다. 내려옴이 죄의 결과였다면 올라감은 해결책이었다.

성경의 나머지 부분은 인류가 계속해서 하나님께로 올라가려고 시도했으나 스스로는 그렇게 할 수 없었음을 설명한다. 이들은 세상의 원리들의 노예가 되었기에 누군가가 올라감으로써 이들을 자유롭게 해 주어야 했다. 이들은 도시를 건설하려고 했고(바벨), 자신을 하늘 위로 높이려고 했으며, 하나님을 무시하려고 했지만 이런 행동으로는 더 낮은 곳으로 내려갈 수밖에 없었다. 따라서 성경은 하늘로 오르시고, 한때 인류가 가졌던 (하나님과의) 교제와 통치권을 회복하고 심지어 증가시킬, 장차 오실 이에 대한 길을 예비한다. 구약성경의 일부 주요 본문들은 이 사건을 환상, 시, 노래로 예시한다.

시편 2편과 왕의 승천

시편 1편은 율법책을 묵상하는 현명한 왕의 모습을 보여 줌으로써(신 17장) 시편 전체를 시작한다. 시편 2편은 하나님이 어떻게 자신의 왕을 세상 모든 왕 위에 세우실지에 대해 묘사한다. 그 왕에게 복종하는 것이 지혜다.

시편 2편은 이스라엘 왕이 취임하는 날을 이야기한다. 비록 열방이 이스라엘 왕들을 대적하나 하나님 자신께서는 자신의 왕을 세우셨다. 신약성경에 따르면 예수님은 이 시편을 부활과 승천 때 성취하셨다. 이 시는 세 부분으로 되어 있다. 다윗이 세상 군왕들의 반역을 묘사하고(시 2:1-3), 다음으로 이에 대한 여호와의 반응(시 2:4-9)을 그리며, 마지막으로는 여호와가 자기 왕에게 복종할 것을 요구하시는(시 2:10-12) 구성이다.

여기서 여호와께서 왕을 세우시는 부분인 시의 중간이 우리의 논증과 가장 관련이 있다. 땅에 있는 왕들의 쿠데타에 대하여 여호와는 웃으시고 이들에게 분노에 차 말씀하신다.

내가 나의 왕을 내 거룩한 산 시온에 세웠다 하시리로다
내가 여호와의 명령을 전하노라
여호와께서 내게 이르시되 너는 내 아들이라 오늘 내가 너를 낳았도다
내게 구하라 내가 이방 나라를 네 유업으로 주리니 네 소유가 땅 끝까지 이르리로다
네가 철장으로 그들을 깨뜨림이여 질그릇 같이 부수리라 하시도다(시 2:6-9)

여호와는 반역에 대응하여 왕을 세우셨다. 주목할 것은, 여기서 위로 향한 공간의 움직임과 보좌에 앉음이 이 비유의 핵심이라는 것이다. 하나님은 자신이 자기의 왕을 자신의 산인 시온에 세우셨다고 말씀하신다. 시온은 예루살렘의 다른 이름이다. 비록 세상의 왕들이 일어났지만, 하나님은 그들이 반대했던 일을 이미 이루셨다. 역사적 배경에서 이 일은 이스라엘 왕의 취임을 가리킨다. 하지만 이 본문은 장차 오실 진정한 '바로 그' 왕을 가리키고 있는데, 하나님이 그를 진정한 시온, 즉 하늘에서 왕으로 세우실 것을 말한다.

만약 2:6이 왕권을 부여하는 사람의 관점을 보여 준다면 2:7은 왕권을 받는 사람의 관점을 묘사한다. 여호와가 왕에게 말씀하신다. "너는 내 아들이라 오늘 내가 너를 낳았도다." 하나님이 왕을 세우셨고 이 왕은 그의 승인을 들으셨다. 그는 이

방 나라를 달라고 구하여 그들을 깨뜨릴 것인데 이는 하나님 아버지가 그에게 왕의 권위를 주셨기 때문이었다.

시편 2편을 통해 우리는 아버지가 하늘로 온 아들에게 하시는 말을 엿들을 수 있다. 시편 2편은 예수님이 아버지께로 갔을 때 일어난 일에 대해 하늘에서의 관점을 제시해 준다.[4] 이는 하나님이 예수님을 가장 높은 왕위에 앉히시고 그의 왕위가 영원하리라 말씀하시며 세상의 왕들을 비웃으시는 승천의 때를 암시한다. 이스라엘에 왕들이 세워지기는 했지만, 신약성경 저자들은 이 시가 궁극적으로, 그리고 최종적으로는 부활하고 승천하신 예수님을 가리키고 있다고 정확히 말한다(행 13:33; 히 1:5; 5:5). 예수님은 하나님의 아들이고 땅에 오신 그분의 대리자다. 이제 그는 하늘로 되돌아가 왕 중의 왕이 되셨다.

시편 110편과 왕의 승천

두 번째 본문 역시 승천에 대해 하늘에서 보는 관점을 보여 준다. 신약성경에 가장 많이 인용되는 구약 본문인 시편 110:1은 승천 직후에 일어난 일을 그린다. 여호와 하나님은

4　사도행전 13:32-35에 나오는 바울의 설교는 이 일이 일어나는 시간과 부활을 연결한다. 다시금 부활과 승천의 연관성을 누가가 보여 주고 있다.

다윗의 주(예수님)에게 그의 원수들이 그의 발판이 될 때까지 자신의 오른쪽에 앉아 있으라고 말씀하신다.

아버지의 오른쪽에 '앉는다'는 것은 곧 완전함을 나타낸다. 히브리서 저자는 이 일의 독특한 본질을 이렇게 말한다. "어느 때에 천사 중 누구에게 내가 네 원수로 네 발등상이 되게 하기까지 '너는 내 우편에 앉아 있으라 하셨느냐'(히 1:13)." 그리스도는 하셔야 할 모든 일을 땅에서 완수하셨다. 그는 죽으셨고, 죽은 자 가운데서 살아나셨으며, 지금은 아버지가 정하신 재림의 때까지 하나님 우편에 앉아 계신다. 앉으신다는 것은 그의 일이 끝났음을 의미하지만 아무 일도 안 하고 계신다는 뜻은 아니다. 오히려 그는 승리하시고 계속 통치하시는 분으로서 앉아 계시는 것이다.

다윗의 주가 앉아 계신다는 점만이 중요한 것은 아니다. 그 장소 역시 중요하다. 다윗의 주는 하나님의 우편, 즉 가장 높은 위치에 앉아 계신다. 이곳은 하나님과 가깝기 때문에 권세를 누리는 자리다. 우편에 있다는 것은 곧 누군가와 가장 가까이 있다는 뜻이다. 오늘날에도 우리는 누가 누구의 오른팔이라는 표현을 사용한다. 그리스도만이 이 높이까지 올라가실 수 있었다. 그가 땅에 내려오셔서 승리하셨기 때문이다. 그분에게는 이 승리의 열매를 누릴 자격이 있었고, 따라서 하나님은 그분에게 자신과 함께 이 권세의 자리에서 통치하라고 말씀하셨다. 다윗의 주는 하나님의 자리로 승천하신 후 모든 피조물을 통치하실 것이다.

왕의 대관식과 즉위식은 중요하지만 이날이 왕으로서의 마지막 날은 아니다. 이는 예수님이 '모든 원수가 그의 발등상이 되기까지' 하나님 우편에 앉아 계실 것이기 때문이다. 중간기, 즉 기다리는 시간이 있기는 하다. 왕들은 적들을 물리치고 백성이 평안을 누리도록 부름을 받았다. 예수님은 아버지의 오른편에서 통치하신다. 하지만 그가 완전함 가운데 통치하실 그때가 오고 있다.

그리스도는 우주 공간에서 떠돌아다니려고 승천하시지 않았으며 그가 제자를 떠났다고 해서 그의 왕권이 끝난 것도 아니다. 그는 선택된 왕으로서 아버지께 가셨다. 아버지께로의 승천은 곧 하나님께서 자신의 왕을 자신의 거룩한 산에 두시고 이 자가 곧 자기 아들이라고 선언하심(시 2:6-7)을 뜻한다. 시편 2편과 마찬가지로, 이 시를 읽는 자들은 승천하신 아들에게 말씀하시는 아버지의 목소리를 듣는다. 하나님은 모든 일이 완성될 때까지 예수님이 자신의 오른편에 앉을 권리가 있다고 선언하셨다(시 110:1).

다니엘서 7장과 인자의 승천

마지막 중요 본문인 다니엘서 7장에는 승천 때 그리스도에게 일어난 일에 대한 더 자세한 내용이 담겨 있다. 다니엘은 바빌론에서 포로로 거주했고 앞으로 일어날 일을 환상으로 받았다. 그는 환상 중에 자기 주변에서 왕국들이 일어나는 것을 보았는데 이 왕국들을 특이하고 흉측한 짐승으로 묘사했다. 이 짐승들은 혼란 속으로 추락한 왕과 왕국들을 나타낸다. 그러나 옛적부터 항상 계신 이가 이 대혼란의 한가운데에서 평화롭게 좌정하셨다.

> 내가 보니 왕좌가 놓이고 옛적부터 항상 계신 이가 좌정하셨는데 그의 옷은 희기가 눈 같고 그의 머리털은 깨끗한 양의 털 같고 그의 보좌는 불꽃이요 그의 바퀴는 타오르는 불이며(단 7:9)

환상의 절정에 이르러 다니엘은 한 사람이 이러한 무질서로부터 옛적부터 항상 계신 이의 우편으로 올라가는 것을 보았다.

> 내가 또 밤 환상 중에 보니 인자 같은 이가 하늘 구름을 타고 와서 옛적부터 항상 계신 이에게 나아가 그 앞으로 인도되매 그에게 권세와 영광과 나라를 주고 모든 백성과 나라들과 다른 언어를 말하는 모든 자들이 그를 섬기게 하였으니 그의 권세는 소멸되지 아니하는 영원한 권세요 그의 나라는 멸망하지 아니할 것이

니라(단 7:13-14)

다니엘은 인자가 흉측한 짐승들의 난투 가운데서 옛적부터 항상 계신 이에게 구름을 타고 올라가는 모습을 보았다. 인자는 일반적이면서도 특별한 분으로 묘사되었다. 그는 사람의 아들(son of man)이기도 하나 또한 옛적부터 항상 계신 이에게 모든 권세를 받은 분이기도 하다. 그는 승천하면서 왕으로 위임된다. 그는 결코 멸망하지 않을 나라의 보좌에 앉으신다.

다니엘서 7장이 보여 주는 이미지는 승리와 기쁨이다. 땅의 왕국들은 가장 높은 보좌를 구했으나 이는 인자에게 돌아갔다. 다니엘은 앞으로 올 왕국에 대한 환상을 보았고 이 환상은 그리스도의 승천 때 성취되었다. 사도행전을 보면 예수님이 떠나셨을 때 구름이 그분을 가리어 보이지 않게 했다(행 1:9). 누가는 이 땅에서 보는 관점을 제시했지만, 하늘에서의 관점은 왕이신 예수님이, 망가지고 혼란스러운 이 땅의 왕국 한가운데서 왕으로 취임하시는 모습을 보여 준다.

다니엘의 관점에서 이것은 떠나는 이야기가 아니라 도착의 이야기였다.[5] 사도행전에서는 예수님이 떠나시는 이야기다.

---

5 Douglas Farrow, *Ascension and Ecclesia: On the Significance of the Doctrine of the Ascension for Ecclesiology and Christian Cosmology* (Grand Rapids: Eerdmans, 1999), 24.

승천 때 인자는 통치권과 영광과 나라를 부여받았다. 이제 열국이 그분을 섬기게 되었다. 그분의 통치는 결코 소멸하거나 멸망하지 않을 것이다. 인자는 승천하셨고 이제 유업을 물려받으셨다. 그분은 왕 중의 왕이시며 주 중의 주이시다.

승천과 주님의 통치

나는 앞서 메시아가 승천하시면서 그분의 선지자와 제사장으로서의 위치가 바뀌었을 뿐 아니라 계속되고, 연장되었으며, 심지어 확장되었다고 논증했었다. 그리스도의 왕권에도 같은 일이 발생했다. 구약성경은 그리스도의 승천이 얼마나 중요한지를 왕의 관점에서 이해하는 데에 필요한 재료를 제공한다. 환상, 시, 노래, 이 모두가 이스라엘의 진정한 왕, 다윗의 아들이 보좌에 앉게 될 그때를 예견하고 있다. 하지만 구약성경은 또한 이스라엘 왕들이 왕위에 오른 일이 단지 그림자에 불과함을 확실히 보여 주기도 한다. 앞으로 그 실체가 올 것이다.

승천 때 그리스도는 이 모든 중요한 구약 본문을 성취하셨다. 그리스도는 땅에서도 왕으로 계셨지만, 아버지께로 가시고 난 후 비로소 온 우주의 왕으로 임명되고 높임을 받으셨다. 예수님의 왕권에 대한 세 가지 측면이 승천 때 바뀌었다. 이는 곧 예수님이 왕으로 취임, 인정되셨다는 점, 원수를 무찌르셨다는 점, 그리고 자신의 교회와 세상을 통치하게 되셨다는 점이다.

왕이신 예수님의 취임

성경 이야기와 신학에 있어서 승천의 위치를 더 잘 이해할 필요가 있는데 왜냐하면 예수님이 아버지께 올라가셨을 때 만물의 주로 취임하시고 인정받으셨기 때문이다.[6] 승천과 좌정은 왕이 승리한 결과였다. 분명 예수님은 땅에서도 권세를 가지고 계셨다. 그분은 죄를 사하시고 악한 세력을 제압하셨다. 하지만 예수님은 승천 때 만물을 다스릴 권세를 받으셨고 하늘과 땅의 왕으로 위임받으셨다. 예수님은 땅에 계실 때 "이후에 인자가 권능의 우편에 앉아 있는 것과 하늘 구름을 타고 오는 것을 너희가 '보리라'(마 26:64)"라고 말씀하셨다. 이 말은 미래형으로서, 땅에서의 그분의 권위와 하늘에서의 권위에 차이가 있음을 암시한다. 따라서 승천은 예수님의 생

---

[6] 로(Rowe)는 하나님이 예수님을 주가 "되게 하셨음(행 2:36)"은 존재론적 변화가 아니라 인류 공동체의 지각에 있어 생긴 인식론적 변화라고 말한다. Kevin Rowe, "Acts 2.36 and the Continuity of Lukan Christology," *New Testament Studies* 53, no. 1 (2007); 55. 또한 이는 구속사적인데, 예수님이 처음으로 높은 곳에서 하나님이자 인간으로 통치하게 되셨기 때문이다(롬 1:4).

애의 절정일 뿐 아니라 새로운 시작의 선포이기도 하다.

유대 문헌과 그리스-로마 문헌에서 승천은 인간이 인간 세상을 떠나 신들의 세상으로 옮겨 감을 암시했다. 예수님이 떠나시는 데에는 수많은 방법이 있었지만, 그분은 취임식 장면을 잘 보여 주는 방식으로 떠나셨다. 취임식은 왕에게 면류관을 씌워 주는 행사였는데 예수님은 하늘로 올라가셨을 때 만물의 주요 우주의 왕으로 임명되셨다.

예수님은 장로들과 대제사장들과 서기관들이 질문하러 왔을 때 그것이 사실이라고 말씀하셨다. 이들이 물었다. "당신이 메시아입니까?" 예수님이 답하셨다. "내가 말할지라도 너희가 믿지 아니할 것이요 내가 물어도 너희가 대답하지 아니할 것이니라 그러나 이제부터는 인자가 하나님의 권능의 우편에 앉아 있으리라(눅 22:67-69)." 그렇다. 예수님의 십자가 사역, 부활, '그리고' 승천은 모두 '보좌에 앉으시는 일'의 일부였던 것이다. 하지만 구약성경 본문에서 보았듯이 예수님이 하늘에 계신 아버지 앞으로 가셨을 때 아버지는 그를 만물의 왕으로 '세우셨다.' "너는 내 아들이라 오늘날 내가 너를 낳았도다."

그러므로 예수님의 승천은 성육신한 아들의 권위를 확증하고 승인한다. 구름 속으로 사라지신 일은 이야기의 반절에 불과하다. 그분은 하늘에 나타나셔서 모든 권세를 받은 왕이 되셨다. 승천 없이 예수님의 왕권은 불완전하다. 그렇기 때문에 마태가 승천에 대해 직접적으로 말하지 않아도 "하늘과 땅의 모든 권세를 내게 주셨다(마 28:18)"라고 예수님의 말씀을 통해 승천을 암시하는 것이다. 예수님은 앞으로 일어날 일을 예견하여 말씀하셨다. 승천은 예수님이 보좌에 앉으신 사건이며, 그분의 임명식, 취임식, 위임식이었다. 승천 없이 그리스도는 왕으로 일하실 수 없다.

원수를 정복하심

왕으로 취임되시고 예수님은 통치를 시작하셨다. 때로 우리는 예수님이 보좌 우편에 앉게 되시면서 왕의 임무를 끝냈고 이제 아무 일도 안 하며 그저 기다리는 일만 하신다고 생각하고는 한다. 하지만 사실은 그 반대다. 보좌를 차지하셨으므로 권세 가운데 통치하실 때가 온 것이다.

이 통치의 한 부분에는 원수를 무찌르는 일이 포함되어 있다.[7] 성경적 세계관에는 또 다른 영적 피조물들이 많이 존재한다. 비록 하나님이 주권을 가지고 이들을 다스리시지만, 승

---

7 웨스트민스터 대교리 문답은 다음과 같이 말하며 이에 동의한다. "그리스도는 [교회의] 원수를 억누르며 이기심으로써, 능력 가운데 자신의 영광과 만물의 유익을 위해 만물에 명령하심으로써, 또한 하나님을 모르고 복음에 순종하지 않은 나머지에게 원수를 갚으심으로써… 왕의 직분을 행사하신다."

천은 하나님이 '한 인간'(인간 이상이다)을 나머지 모든 영적인 존재들 위에 높이셨다는 점에서 특별하다. 그는, 그리고 그만이 하늘과 땅을 하나로 화합시킬 수 있다. 처음부터 하나님의 계획은 인간들이 자신과 함께 통치하게 하시는 것이었다. 악한 영적 세력의 영향으로 인간들이 이 계획을 거부하자 하나님은 자신의 종을 통해 이들을 높이시려는 계획을 세우셨다. 승천 때 이 계획이 실현되었다.

누가 올라갈 것이냐에 대한 이 초자연적 전투는 승천에 대해 짝을 이루는 또 다른 본문인 이사야 14장에서 찾아볼 수 있다.

너 아침의 아들 계명성이여 어찌 그리 하늘에서 떨어졌으며 너 열국을 엎은 자여 어찌 그리 땅에 찍혔는고 네가 네 마음에 이르기를 내가 하늘에 올라 하나님의 뭇 별 위에 내 자리를 높이리라 내가 북극 집회의 산 위에 앉으리라 가장 높은 구름에 올라가 지극히 높은 이와 같아지리라 하는도다(사 14:12-14)

비록 역사적 정황상 이 본문은 바빌론 왕을 가리키지만 사실 여기에는 두 가지 의미가 담겨 있다. 성경 저자들은 성경에 등장하는 인물들이 언제나 영적 존재들의 영향력 아래 있다고 본다. 세상에서 일어나는 사건들과 통치자들의 커튼 뒤로 보이지 않는 세력들이 있다는 것이다. 루시퍼(마귀) 역시 "계명성(사 14장)"으로 번역할 수 있고, 따라서 바빌론 왕은 그의 스승이자 멘토가 아주 오래전에 했던 것을 원했던 것이다.

마귀는 승천하여 보좌에 앉아 하나님처럼 되고자 했다. 그의 영향력 아래 있는 피조물들도 마찬가지다. 이에 대한 벌은 죄에 합당하다. 마귀가 승천하려 했을 때 그가 받은 벌은 떨어지는 것이었다. 하나님이 그를 떨어뜨리셨고 이제 그는 공중의 권세만 잡을 수 있다. 그는 자신의 차가운 피 웅덩이 속으로 빠졌다. 이것도 여전히 놀랄 만한 권세다. 하지만 자기가 원했던 것에는 훨씬 못 미친다.

예수님은 승천하셔서 우주의 가장 높은 자리로 가셨다. 영적인 존재들이 하나님과 함께 통치하려고 했지만, 아버지는 이 주권에 인간을 포함하는 계획을 가지고 계셨다. 그리고 승천 때 이 일이 실현되었다. 타락 때 생긴 하늘과 땅의 분리가 그리스도의 좌정하심을 통해 고쳐졌다.

우리는 십자가와 부활을 통한 그리스도의 승리를 부인해서는 안 된다. 하지만 또한 승천 사건을 그리스도의 승리와 분리하거나 관련이 없는 것처럼 다루어서도 안 될 것이다. 만약 그리스도가 죽은 자 가운데서 살아나시고 '또한' 하늘로 승천하지 않으셨다면 온 세상은 여전히 마귀의 권세 아래 있을 것이다. 악의 세력은 자신들이 주도권을 가지고 있다고 생각하고 있을지 모른다. 하지만 하나님이 자기의 선한 목적을 위해서 그리스도의 통치를 통해 세상을 조종하고 계신다.

골로새서 2:15과 에베소서 1:19-23은 어떻게 그리스도께서 통치자와 권세 있는 자들을 무장 해제시키시고 이들을 무찌르심으로써 이들을 공개적으로 부끄럽게 하실 것인지를 말해 준다. 바울이 이 일을 십자가 사역과 연결하기는 하지만 십자가 사역은 부활과 승천이 일어난 후에 비로소 승리의 사건이 될 수 있었다. 그리스도는 영화롭게 되셨을 때 진정으로 악의 세력을 무찌르셨다.

메시아는 승천 때 만물의 주가 되셨다. 그분은 마귀와 세상의 모든 왕이 항상 바라던 것을 취하셨다. 즉 궁극적으로 승천 때 자신의 원수들을 무찌르신 것이다. 그리스도는 그들에게 이것이 최종 단계임을 보여 주셨다. 더는 보좌가 비어 있지 않은 것이다. 이제는 그리스도가 차지하셨다. 그리스도는 아버지께 가심으로써 어둠의 세력을 정복하셨지만, 하나님과 함께 통치하시는 이 새 왕에 대해 사람들이 들을 수 있게 하기 위해 기다림의 시간이 여전히 지속된다.

자신의 교회와 세상을 다스리심

천상 사역을 하심으로써 그리스도는 "만물의 머리(엡 1:22)"가 되셨다. 그분은 어리석은 자들을 자신의 발등상으로 만드시고 은하수로 반지 삼으신다.⁸ 왕으로 임명되셨을 때, 그의 왕의 임무는 아직 끝난 것이 아니었다. 어떤 면에서는 그때 시작되었다. 이전의 요지에서는 승천을 어둠의 세력을 무찌른 사건으로 부정적으로 보았지만, 여기서는 그리스도가 자신의 교회와 세상에 대해 주권적으로 통치하신다는 긍정적인 관점으로 본다.

그리스도는 땅에서 권세를 가지고 계셨지만, 부활과 승천 후에야 비로소 "권세와 영광과 나라를 받아 모든 백성과 나라들과 다른 언어를 말하는 모든 자들이 그를 섬기게(단 7:14)" 하셨다. 고대의 왕들은 공평과 정의로 나라를 통치해야 했었는데 그리스도가 그렇게 하신다. 우리는 그리스도의 통치가 주로 그분이 이 땅에서 하신 일에 속했다고 생각하는 경향이 있다. 하지만 하늘에서 하시는 통치는 사실 이보다 더 크다. 예수님은 하늘에서 일하고 계신다. 하늘에서 일하심은 만물을 통치하시는 것인데 왜냐하면 하늘이 온 우주의 조종실이기 때문이다. 그분은 하나님-인간으로, 다윗 계열의 왕으로, 인자로, 또한 하나님의 아들로서 통치하신다.

사도행전의 첫 구절은 새 시대의 도래를 보여 준다. 누가는 여기서 사도들의 행적이나 심지어 성령의 역할도 그렇게 많

---

8 이 구절은 그룹 Beautiful Eulogy의 "Worthy"라는 곡 가사에서 따온 것이다.

이 강조하지 않는다. 부활하신 주 예수님의 사역이 '계속되고' 있음을 강조한다. 누가는 데오빌로에게 먼저 쓴 글에서는 예수가 행하시며 가르치시기를 "시작"하셨음을 기록했다고 말한다(행 1:1). 예수님의 사역은 승천하신 후에도 계속된다. 사도행전은 이 혁신적인 변화가 예수님의 생애 후에도 교회 안에서 계속됨에 주목한다.

예수님은 하나님-인간으로서 승천하신 후에 땅에 대한 통치를 시작하셨지만, 또한 자신의 모든 원수가 발아래 굴복할 때까지 기다리기도 하신다. 세상을 통치하시나 그 통치는 그분의 교회 안에서 가장 분명히 나타난다. 교회는 그분의 나라이며, 기관이고, 정치 체제다. 예수님은 승천 때 교회의 머리가 되셨다. 에베소서 1:20-22은 하나님이 그리스도를 자신의 오른편에 '앉히셨을 때' 그의 발아래에 만물을 복종하게 하시고 그를 만물 위에 교회의 머리로 삼으셨다고 확실히 선언한다.

웨스트민스터 대교리 문답이 말하듯이 "그리스도는 왕의 직분을 수행하심에 있어… 직분과 법, 질책을 [교회에] 주시며, 이런 것들을 통해 가시적으로 교회를 통치하신다." 그리스도는 교회에 지도자를 주심으로 교회를 다스리신다. 예수님은 승천 후 독특한 방식으로 자신의 교회를 다스림으로써 왕권을 행사하신다. 하늘의 왕으로서 땅에 있는 자기 백성을 자신이 임명하신 지도자들을 통해 이끌고 안내하신다. 마태복음 16장과 18장에 따르면 예수님의 하늘의 권세가 땅에 있는 그분의 종들에게 부여되었다. 그리스도가 하늘에서 승인한 것이라면 무엇이든지 교회 안에서 실제로 일어날 것이다. 교회가 그분의 뜻에 따르기만 한다면 말이다.

결론

승천 때 예수님은 하나님-인간으로서 하늘과 땅의 주가 되셨다. 왕권은 그리스도의 사역에 대한 중심적인 비유다. 아담과 하와는 왕의 가족으로 창조되었고 이스라엘은 세상을 통치할 자들이었다. 하지만 이들은 모두 하나님께 올라가는 일에 실패했다. 그리스도는 모든 의를 성취하심으로써 이들이 하지 못했던 일을 하셨다. 지상 사역을 완수하신 후 마지막 남은 한 가지 일이 있었다. 예수님은 왕으로 취임하여 아버지로부터 자신의 사역을 확증받고 변호받으셔야 했다.

승천 때 그리스도는 옛적부터 계신 이 앞에 서 계셨고, 모든 권세를 받으셨다. 그분은 거룩한 산에 서 계셨으며 하나님의 아들이라 선언을 받으셨다. 보좌 우편 자리를 받으셨고 모든 이가 무릎 꿇어 경배할 새로운 이름을 받으셨다. 진정한 그의 통치는 그의 승천 때 시작되었다. 악의 세력이 바라던 바로 그 자리를 그가 받으셨기에 이제 그는 전과 다른 방식으로 악의 세력을 통치하신다. 그분은 또한 세상과 교회의 통치자가 되셨는데 이는 그가 하나님의 보좌에 이 세상이 여태껏 본 모든 왕보다 더욱 높임을 받으신 왕으로 좌정하셨기 때문이다.

예수님의 왕으로서의 사역	
지상에서	승천 때
왕으로 지명되심	왕으로 취임하심
어둠의 세력을 정복하심	모든 영적 존재 위에 좌정하심
자신의 교회를 위한 기초를 놓으심	세상과 교회의 머리가 되심

왕의 가족으로서의 교회

이미 언급한 바와 같이, 그리스도가 왕으로 취임하신 일은 교회의 행동에 영향을 미친다. 만약 그리스도가 왕이라면 교회는 그의 나라, 즉 이 땅에서 그 왕의 가족으로 부르심을 받은 것이다. 아담과 하와는 진정한 왕의 아들과 딸로, 또한 대리자로 맨 처음 부르심을 받았다. 이들은 실패했지만, 그리스도는 모든 일을 성취하셨다.

교회는 이제 머리와 짝이 되어 그분과 한 몸이 되었다. 이스라엘은 제사장 나라요, 거룩한 백성으로 부르심을 받았는데

(출 19:6), 베드로는 이제는 유대인과 이방인이 모두 왕 같은 제사장이라고 확언한다(벧전 2:9). 마태복음에서 예수님은 자신이 받은 권세를 세상으로 나아가는 자기 제자들에게 주신다(마 28:18-20).

에베소서는 그리스도가 왕으로 승천하신 일이 교회에 미치는 영향을 설명한다. 그리스도가 하늘에서 하나님의 우편에 앉으셨기 때문에(마 1:20) 교회도 그와 함께 그곳에 앉아 있고(마 2:6), 그렇기에 왕과 같은 신자들은 그 왕 아래에서 하나로 연합되며, 하나님의 전신갑주를 입고, 하늘에서 오실 왕을 기다린다.

바울은 에베소서 2:11-22에서 그리스도와 함께 구원받는 일(being raised with Christ)이 미치는 영향에 대해 언급한다. 이제 교회가 한 통치자 아래, 그리스도와 함께 앉았으므로 유대인과 이방인이 서로 평화를 누린다. 이들은 한 군대가 되었다. 한 명의 왕이 보좌에 앉게 되면 그는 성별, 인종, 사회경제적 지위에 상관없이 만백성의 평화가 된다. 그분이 중간에 막힌 담을 허무셨기 때문이다(엡 2:14). 그리스도는 둘이었던 인류 대신 하나의 새 인류를 만드셨고 모든 사람을 자기 자신과 화평하게 하셨다(엡 2:15-16). 그분을 통해 전 인류가 성령을 받을 수 있게 되고 하나의 나라와 성전으로 세워지게 된다.

따라서 조화와 연합은 이제 예수님이 보좌를 취하셨으므

로 현실이자 목표가 된다. 이것이 바로 바울이 우리가 오직 사랑 안에서 참된 것을 하여 범사에 머리이신 그리스도에게까지 자라야 한다고 말하는 이유다(엡 4:15). 교회는 그리스도의 사랑의 통치 아래 하나가 되어 이 사랑을 다른 이들에게 전해야 한다. 머리에까지 자라난다는 것은 곧 그분을 더욱 닮아 감을 뜻한다. 그리스도가 온 우주에 계시고 주가 되신다는 사실은 교회가 사랑이라는 표지 아래로 다시금 모이도록 해 준다. 인간 대 인간의 관계에 있어 타락 때 깨어진 것들이 십자가와 부활, '그리고' 승천 때 회복되었다. 바울과 신약성경의 나머지 서신서들은 하나의 믿음, 하나의 세례, 하나의 주가 계시므로 연합을 이루어야 한다고 촉구한다.

둘째, 교회는 왕을 중심으로 한 군대로 연합할 뿐 아니라 전투에 용감히 나간다. 그리스도께서 이미 어둠의 영적 세력을 정복하셨기 때문에 그리스도의 성회는 하나님의 전신갑주를 입고 그분의 능력으로 나아갈 수 있다(엡 6:10-20). 고대 세계에서 왕은 자신의 백성과 함께 싸움에 참여해야 했고 그들의 가장 위대한 전사가 되어야 했다. 이제 그리스도가 죽음과 부활, 승천을 통해 싸우고 이기셨으므로 교회는 하나님의 갑옷을 입고 전투에 나갈 수 있다.

교회는 주 안에서 강한데 이는 결정적인 한 방을 날리신 위대한 정복의 전사를 왕으로 모시고 있기 때문이다. 교회는 혈과 육을 상대하지 않고 통치자들과 권세들과 하늘에 있는 악의 영들을 상대한다(엡 6:12). 하나님은 그들을 무찌르심으로써 이미 그들을 구경거리로 만드셨다(골 2:15). 따라서 교회는 하나님의 전신갑주를 입고 전투 한가운데 선다. 악한 시절에 살고 있기 때문이다. 그리스도의 왕권은 교회가 어둠의 세력과 싸우기 위해 모이는 데 있어 그 근본이 된다.

마지막으로, 그리스도의 통치는 고난받고 기다리는 자들에게 분명히 드러난다. 그리스도의 통치는 교회가 나아가 세상을 통치하라고 부르심을 받았다는 뜻이 아니다. 그리스도의 왕권은 그리스도의 군사들의 삶 속에서 어렵고 힘든 상황들이 없어짐을 의미하지 않는다. 그리스도의 왕권은 하늘에 있으며, 따라서 교회의 왕적인 지위는 그리스도 안에 숨겨져 있다. 그러므로 그리스도인들은 "위의 것을 찾아야 한다 거기는 그리스도께서 하나님 우편에 앉아 계신다… 이는 그들이 죽었고 그들의 생명이 그리스도와 함께 하나님 안에 감추어졌기 때문이다(골 3:1-3)." 교회는 "즐겁고 평화로운 삶, 물질적인 풍요로움, 모든 해로부터의 안전을 약속받지 않았다… 아니다. 우리의 행복은 하늘에서의 삶에 속해 있다!"[9]

따라서 교회는 인내를 가지고 이 삶을 살아가며 "하나에 만

---

9   Calvin, *Institutes* 2.15.4, 498.

족한다. 즉 우리의 왕이 결코 우리를 홀로 내버려 두지 않으실 것이며, 우리의 전투가 끝나 우리를 승리로 부르실 그때까지 우리의 필요를 채워 주실 것이다."[10] 그리스도의 승리는 아직 완전히 끝나지 않았다. 아직도 그분께는 발밑에 복종시킬 원수가 남아 있다. 따라서 교회는 왕의 가족으로서 보좌에 임명된 자로 산다. 하지만 또한 완성될 영광을 기다리며 산다.

결론

그리스도의 왕권은 그가 부활해 하늘에 계신 아버지 앞으로 가시기 전까지는 완성되지 않았다. 패로우는 이렇게 말한다. "[왕의] 이야기 전체를 통합하는 절정이 승천에 담겨 있다."[11] 누가의 기록에서는 부활과 승천이 둘 다 예수님이 제자들을 떠나실 때 주실 복음을 제자들이 전하게 하는 원동력으로 작용했다.

따라서 예수님의 주권은 승천 때 확정되었지만 또한 계속되었다. 예수님은 할 일이 다 끝났기 때문에 구름을 타고 하늘

---

10 Calvin, *Institutes* 2.15.4, 499.
11 Farrow, *Ascension and Ecclesia*, 25.

에 가신 것이 아니었다. 보좌에 앉으셨다는 말은 곧 그분이 그분을 방해하고 대적하는 모든 것 위에서 통치하게 되셨음을 뜻한다.[12] 스위트는 다음과 같이 말한다.

> 그가 권세의 오른편에 앉으셨을 때는 전투가 잠깐 멈춘 것이 아니라 악의 세력과 있었던 아주 오래된 충돌이 멈춘 것이었다. "앉으심"이 언제나 휴식의 자세를 뜻하지는 않는다. 생애 가장 어려운 일들의 일부는 왕이 내각에 앉아 있을 때 이루어진다.[13]

그가 땅에서 하신 일은 일시적으로 완성되었지만 이제 그는 하늘, 즉 하나님이 거하시는 곳에서 통치하신다. 그는 이 높아진 위치에서 세상의 일을 주관하신다. 그가 아버지 옆에 앉으실 때 하나님은 그에게 "너는 내 아들이라 오늘날 내가 너를 낳았도다(시 2:7)"라고 말씀하신다. 그룹 뷰티풀 율로지(Beautiful Eulogy)는 그들의 노래 가사에서 다음과 같이 선포한다.

> 눈을 들어 영광 중에 보좌에 앉으신 만물 가운데 충만한 왕의 부요함을 보라. 측량할 수 없는 우주 공간에 뻗어 있는 그의 규를

---

12 H. B. Swete, *The Ascended Christ: A Study in the Earliest Christian Teaching* (London: Macmillan, 1911), 13.
13 Swete, *Ascended Christ*, 14.

보라. 만물을 함께 지탱하시며 "만물이 예외 없이 나의 것이라" 선포하시는 그의 말을 들어 보라.[14]

그리스도는 승천 때 임명받은 대로 왕이 되어 통치를 시작하셨다. 그분은 자신에게 지정되어 있던 보좌를 차지하시고 자신이 죄와 죽음을 정복했을 뿐만 아니라 어둠의 영적 세력들도 정복하셨음을 보여 주셨다. 아담은 하나님의 산에서 내려와야 했지만, 그리스도는 하나님께로 올라가셨다. 그가 아버지께서 요구하신 모든 일을 하셨기 때문이다.

만약 승천이 일어나지 않았다면 예수님의 왕적 권위는 확증되지 않았을 것이다. 승천이 일어나지 않았다면 그리스도는 하늘에서 통치하고 계시지 않았을 것이다. 승천이 일어나지 않았다면 그 누구도 하나님과 함께 통치할 수 없었을 것이다. 승천이 일어났기 때문에 예수님의 왕으로서의 권위가 확증된 것이다.

숨을 멈추어 보라. 예수님은 하나님 나라의 공기이시다.[15]

---

14 이 구절은 Beautiful Eulogy의 노래 "임마누엘"에 나온다.
15 이 구절은 Apashe의 노래 "Majesty"에서 각색한 것이다.

5장
신학에서의 승천

부활은 선포한다. "그는 영원히 사신다." 승귀는 선포한다. "그는 영원히 다스리신다." _머레이 해리스(Murray Harris)

서론

당신 앞의 이 책은 성경 지도 위에서의 승천의 '위치를 정하는' 책이다. 나는 앞서 승천이 성경 이야기 속에서 차지하는 위치를 더 잘 조정해야 할 필요를 논했다. 그러나 메시아의 승천은 이야기의 관점에서 위치 조정이 필요할 뿐만 아니라 그리스도인들이 고백하는 다른 교리들과 관련해서도 위치 조정이 필요하다. 그리스도의 좌정하심과 다른 교리들과의 상관관계를 보기 위해서는 정확한 신학적 분석이 필요하다. 그러므로 나는 이번 장에서는 승천을 '신학적' 관점에서, 특히 이

것이 삼위일체, 성육신, 십자가, 부활, 그리고 종말론과 관련해서 갖는 상관관계에 대해 간단히 논하려 한다.

승천를 강조한다고 해서 이와 같은 다른 교리들을 하찮게 여기거나 과소평가하는 것은 아니다. 오히려 승천에 대한 건강한 강조는 이 교리들을 격상시킨다. 이들 중 어떤 교리도 독특하게 강조될 수는 있으나 서로 분리될 수는 없다. 이들 교리가 어떻게 서로 조화를 이루는지 살펴볼 때 우리는 더 큰 명확성과 정확성을 확보할 수 있다. 승천을 다른 사건들과 연결하는 작업은 또한 다른 교리들을 희생하면서까지 한 가지 교리에 집중할 때 생길 수 있는 과도한 강조와 불균형을 막는 데에 도움을 준다.[1]

승천과 삼위일체

승천을 말하는 것은 곧 삼위일체 하나님을 말하는 것이다. 기독교의 다른 모든 교리와 마찬가지로 그리스도의 좌정하심의 기초는 하나님의 삼위일체적 본질이다. 예수님은 그분이

---

1 만약 내가 앞에서 어떤 점들을 지나치게 강조했다면 이번 장이 균형을 맞추어 줄 수 있기를 바란다.

맺으시는 관계를 통해 알려지는데 왜냐하면 정체성이란 항상 다른 이들과의 관계를 통해 형성되기 때문이다. 존 메이어(John Meier)는 "예수님의 [승천]을 이야기하는 것은 그분이 맺은 관계를 이야기하는 것"이라고 말한다.[2] 따라서 승천을 이야기하는 것은 삼위일체 하나님을 이야기하는 것이다. 그러므로 승천은 하나님의 통일성과 삼위일체성의 관점에서 바라보아야 할 것이다.

태초 전부터 삼위일체 하나님은 '자신을 영화롭게' 하시고 자기 이름을 높이시려는 한 가지 뜻을 가지고 계셨다. 승천은 이 계획에 있어 필수적인 사건이었다. 하나님은 자신의 대표자를 통해 자기 이름을 높이셨다. 따라서 승천은 기독론에만 관련된 것이 아니다. 승천하신 분은 아들이지만 이것은 그가 아버지와 동등한 본체이심의 결과였으며 성령이 능력을 주심으로써 가능한 일이었다. 아버지와 아들과 성령은 모두 승천 때 영광을 받으셨다.

삼위일체 하나님은 '어두움의 세력과 겨르시고 무찌르심으로' 자신을 영화롭게 하신다. 성경은 땅에서의 전투뿐 아니라 보이는 무대 뒤에서 일어나는 하늘의 전투에 대해서도 말해

---

[2] John P. Meier, A marginal Jew, vol. 3, *Companions ana Competitors* (New York: Doubleday, 2001), 2.

준다. 승천은 우주의 결을 찢어 영적인 실체를 볼 수 있게 해 주었다. 인간은 땅의 전투를 넘어 하늘의 영역을 엿보아 아버지 하나님이 아들을 통해 정복하시고 이제 성령을 자기 백성에게 주셔서 이 전투를 계속하게 하심을 알 수 있다. 이렇게 메시아의 승천은 어떻게 성부 하나님과 성자 하나님, 그리고 성령 하나님이 승리를 이루셨는지를 잘 보여 준다. 따라서 승천은 삼위일체 하나님의 단일 의지의 성취다.

그러나 승천은 하나님의 단일 의지를 보여 주기도 하지만, 삼위일체의 다양한 경륜을 드러내기도 한다. 삼위이자 한 분이신 하나님 없이는 승천이 일어날 수 없었다. 이는 각각의 위가 맡으신 각자의 역할이 있었기 때문이다. 아버지가 없었다면 아들이 승천하여 올라갈 장소가 없었을 것이다. 예수님은 승천하셔서 아버지의 오른편에 앉으셨다.

비록 성경은 아버지와 아들 두 분이 하신 일로 승천을 묘사하지만, 강조점은 그리스도의 승천이 지니는 수동적 성격에 있다.[3] 아버지는 예수님을 높이셨고, 그를 올리시어 앉히셨다. 아버지는 아들이 죽도록 순종하시자 그에게 새 이름을 주셨

---

[3] 바빙크는 승천이 "떠나심(눅 24:51)"이나 "돌아가심(요 13:3, 33; 14:28; 16:5; 벧전 3:22)," 또는 "올라가심(엡 4:8)"과 같은 능동형으로 묘사되었음에 주의를 기울인다. 따라서 이것은 아버지와 아들 모두가 행하신 일이라고 할 수 있다. Bavinck, *Reformed Dogmatics*, ed. John Bolt, trans. John Vriend (Grand Rapids: Baker, 2008), III.8, 445.

다. 그를 시온에 왕으로 앉히신 분은 아버지이시다. 그에게 말씀하사 자신의 오른편에 앉으라 하신 이도 아버지이시다. 예수님은 승천 때 자기 상급을 받으셨다(히 12:2). 예수님은 아버지 하나님의 뜻을 따라 아버지 하나님께로 가셨다.

메시아의 승천은 그리스도 '자신에게도' 몇 가지 의미를 지닌다.[4] 승천은 예수님이 자신의 순종과 희생으로써 아버지의 임재 가운데 들어갈 자격이 있는 자임을 드러냈다. 그리스도는 온전한 행위와 희생으로 아버지 앞에 갈 수 있는 권리를 획득하셨다. 그는 모든 일, 즉 아버지께서 그를 보내며 하라고 하신 모든 일을 완수하셨다. 승천은 또한 그리스도의 상급의 시작이다. 그는 앞에 있는 기쁨을 위하여 십자가를 참으셨다(히 12:2). 시편 24편은 여호와의 산에 오를 자는 여호와께 복을 받고 구원의 하나님께 의를 얻으리라고 선포한다(시 24:5). 그리스도는 승천하심으로써 온전한 통치를 하시게 되었다. 그는 하늘에서 좌정하사 죽임당하신 어린양으로서 보좌를 차지하셨다. 마지막으로, 승천은 그가 하나님의 원수에 대해 심판자가 되실 것을 의미한다.[5] 요한계시록 19:11-16에는 하늘

---

[4] 영원한 아들로서의 예수님에게 있어서 승천은 변화를 포함하지 않으나, 하나님-인간으로서의 예수님에 있어서는 승천이 인간의 본질에 관련된 변화를 포함한다.

[5] 이 세 가지 관점은 피터 툰의 것이다. Peter Toon, *The Ascension of Our Lord* (Nashville: Thomas Nelson, 1984), 145-49.

이 열리고 피 뿌린 옷을 입으신 그리스도가 백마를 타고 원수를 심판하기 위해 다시 오시는 장면이 나온다.

승천은 그리스도와 성령과의 관계성의 관점에서도 살펴보아야 한다. 나는 앞서 그리스도가 성령으로 임재한다고 주장했지만, 그리스도와 성령을 확실히 구분할 필요가 있다. 그리스도는 성령이 되시지 않고 성령이 그리스도가 되시지도 않는다. 바울과 요한이 "성령과 그리스도를 거의 같은 의미로 사용하기도 하지만(롬 8:9-10; 요 14:23)… 이 둘은 친밀하게 연결되었으면서도 또 구분되신다"라고 오르(Orr)는 말한다.[6] 성령의 임재는 그리스도의 부재를 대체하지 않는다. 성령은 그리스도의 임재를 가능하게 한다.

따라서 메시아의 승천이 지니는 의미와 일관성, 그리고 중요성은 삼위일체 하나님에게서 발견된다. 이 하나님은 하나의 뜻, 그러나 각기 다른 경륜을 가지고 계신다. 이러한 관점에서 볼 때 그리스도의 승천은 삼위일체 하나님의 삼위 모두와 관계가 있다. 이 사건은 단순히 하나의 기독론적 사건이 아니다. 이제 아들은 하늘에서 아버지와 함께 앉아 계시며, 두

---

6   Peter Orr, *Exalted above the Heavens: The Risen and Ascended Christ*, New Studies in Biblical Theology 47 (Downers Grove, IL: IVP Academic, 2019), 61. 나는 이 책 3장에 나오는 오르(Orr)의 입장을 주로 따르는데, 여기서 그는 성령과 그리스도의 관계를 자세히 다룬다.

분이 함께 자신들의 연합된 뜻을 이루기 위해 성령을 우리에게 보내신다.

승천과 성육신

나는 승천이 그리스도의 사역에 있어서 절정의 순간임을 강조한 바 있다. 어떤 이들에게 이는 그리스도의 다른 사역, 특히 성육신의 중요성을 약화하는 듯 보일 수도 있다. 하지만 승천은 우리가 그리스도의 지상 사역으로 돌아가도록 해 준다. 성육신은 그저 통과해 버리는 덜 중요한 단계가 아니다. 승천은 성육신의 목적을 성취하고 완성시킨다.[7]

예수님은 육신으로 내려오셨고 육신을 구원하기 위해 육신으로 다시 살아나셨다. 따라서 승천 사건은 시간적, 물질적, 물리적 차원의 중요성에 대한 부인이 아니다. 오히려 이것들의 중요성이 승천에서 확증되었다.[8] 메시아의 승천에서 육신

---

[7] 예수님의 세례와 변화산 사건을 승천과 연결하는 데 어려움을 주는 것은 공간이다. 하지만 세례와 변화산 사건 때 모두 승천을 암시하는 예수님의 올라가심이 있었고, 그분의 진정한 영광이 드러났다.

[8] Douglas Farrow, *Ascension and Ecclesia: On the Significance of the Doctrine of the Ascension for Ecclesiology and Christian Cosmology* (Grand Rapids: Eerdmans, 1999), 47.

은 영적인 영역, 즉 하나님이 거하시는 곳으로 올라갔으며 그럼으로써 하나님이 영원히 인류와 함께 거하실 것이라는 점을 보여 주었다.[9] 승천은 성육신을 입증한다. 하지만 이 두 가지 사건이 어떻게 구체적으로 서로 관련되었을까? 성육신에서 그는 내려오셨고 승천에서 그는 올라가셨다. 승천은 성육신을 뒤집는 것일까? 성경은 그런 식으로 말하지 않는다. 오히려 내려오심과 올라가심이 관련되어 있고 심지어는 이 둘을 하나의 사건으로 보고 있다.

바울은 에베소서 4:9-10에서 이 두 대장정을 연결시킨다. "올라가셨다 하였은즉 땅 아래 낮은 곳으로 내리셨던 것이 아니면 무엇이냐 내리셨던 그가 곧 모든 하늘 위에 오르신 자니 이는 만물을 충만하게 하려 하심이라." 그리스도의 내려오심은 올라가심과 관계가 있다.[10] 빌립보서 2:5-11 역시 이 상관관계를 확인해 준다. 그리스도는 자신을 비워 인간이 되셨고 그 결과 하나님이 그를 모든 이름 위에 뛰어난 이름으로 높이셨다. 그리스도는 올라가기 위해 내려오셨다. 이 두 가지 행동은 서로를 무효화시키지 않으며 타락 때 깨어졌던 것을 회복

---

9 Karl Barth, *Church Dogmatics* (Edinburgh: T&T Clark, 1932-1967), IV.15.2, 1117.
10 매슈 베이츠(Matthew Bates)는 복음을 V자 형태, 즉 높은 곳(exaltation)에서 낮아지심(humiliation), 그리고 다시 보좌에 앉으심(enthronement)으로 묘사하는데 이는 복음 이해에 도움이 된다.

한다. 내려오심과 올라가심은 육신을 입고 이루어진 이중적 움직임이다. 성육신에서 그는 육신으로 우리에게 오셨고, 승천에서 그는 육신 가운데 우리를 하나님께 데려가 주셨다.[11] 그리스도는 하나님을 인류에게 모셔오기 위해 내려오셨고, 인류를 하나님께 데려가기 위해 올라가셨다.

성육신과 승천을 하나로 융합시키기는 어렵다. 하지만 그렇다고 이 둘을 근본적으로 분리할 수도 없다. 융합이란 두 가지가 가진 각 특정 본질이 그 힘을 잃는 것이다. 둘을 분리하는 것은 마치 꽃나무에서 뿌리를 잘라 놓고 여전히 꽃이 피기를 바라는 것과 같다. 연속성과 불연속성 모두가 땅의 예수님과 하늘의 그리스도 사이에 존재하는 것이다.

조르조 부첼라티(Giorgio Buccellati)는 "성육신에서 영원한 것이 일시적인 것과 하나가 되었듯이, 승천에서는 일시적인 것이 영원한 것이 되었다"라고 말한다.[12] 두 가지 교리 모두 각자의 위치에서 매우 중요하지만 서로 인과적으로 연결되어 있다. 순서와 진행이 있는 것이다. 바르트가 언급했듯이 먼 타국으로 가는 이는 인류가 집에 돌아오게 하려고 그렇게 하는

11　Farrow, *Ascension and Ecclesia*, 58.
12　Giorgio Buccellati, "Ascension, Parousia, and the Sacred HEart: Structural Correlations," *Communio* 25 (Spring 1998): 87-88.

것이다.[13] 놀라운 점은 이렇게 할 수 있는 권위가 아무런 위엄이나 아름다움도 없고 멸시받아 십자가에서 죽으신 나사렛 예수에게 주어졌다는 점이다. 그는 피 흘리고, 십자가에 달리신, 상처 입은 주님의 모습으로 승천하셨다.

승천과 십자가

승천에 관한 연구를 하다 자칫 잘못하면 십자가의 중요성을 소홀히 하는 위험에 빠질 수도 있다. 승천이 그리스도의 높아지심에 관한 것이기에 그의 낮아지심을 쉽게 간과할 수 있는 것이다. 그리스도의 낮아지심과 높아지심이 양극단으로 나누어져서, 하나가 주도권을 잡아 다른 하나를 가릴 수도 있다. 그러나 성경에서 낮아지심과 높아지심은 나란히 함께 나온다. 승천과 십자가는 매우 밀접하게 관련되어 있으며 이 둘을 분리하면 두 교리 모두를 왜곡시키게 된다. 십자가와 그리스도의 좌정 간의 관계는 매우 깊지만, 나는 여기서 간단히 두 가지만 다루려고 한다.

첫째, 승천(그리고 부활)은 십자가에 대한 진리를 드러낸다.

---

13 Barth, *Church Dogmatics* IV.15.2, 43.

그리스도의 좌정 전에는 십자가 사건의 실체가 감추어지고 숨겨져 있었다. 하지만 이제 이것이 드러났다. 현대 기독교인들은 제자들이 맨 처음 십자가를 바라보았던 방식을 이해하는 데에 어려움을 겪는다. 제자들의 글은 모두 그리스도 승천 후의 것이고 따라서 이들이 십자가에 대해 말할 때는 자신들이 맨 처음 십자가를 보고 느꼈던 바와는 다르다. 그리스도가 십자가에서 돌아가셨을 때 이들의 마음은 두려움, 비탄, 혼란으로 가득 찼다. 그리스도가 범죄자로 십자가에 못 박히셨을 때, 하늘에만 어둠이 찬 것이 아니라 그들의 존재 자체도 어두워졌다. 십자가는 그들이 경험한 가장 커다란 비극이었다.

그들이 나중에 십자가를 복음의 중심으로 말할 수 있었던 유일한 이유는 그리스도가 십자가에서 하신 일을 아버지가 인정하셨기 때문이다. 부활과 승천이 없었다면 예수님은 세계사의 "수많은 다른 이들과 같은, 그저 이해하기 힘든, 실패한, 그리고 매우 이상한 유대인 혁명가"로 남았을 것이다.[14] 그리스도가 십자가에서 한 일은 그리스도의 영화 때까지는 '감추어졌다.' 그리스도의 부활-승천 때, 그리스도가 십자가에서 하신 일의 영광이 '드러났다.' "그의 높아지심은 진정한 변화로서 순종에 대한 상급으로 주어진 상태에 들어간 것이

---

14 Barth, *Church Dogmatics* IV.15.3, 168.

다."[15] 승천은 십자가가 복음이며 그리스도의 높아지심의 일부라는 사실을 사도들에게 확신시켜 주었다.

그리스도의 낮아지심이 그가 영광으로 가는 길이 되었다는 점은 십자가 사건 후에야 비로소 확실해졌다. 낮아지심과 높아지심은 하나로 연결되었지만, 오직 한 번만 승천이 주어졌다. 승천은 십자가 사건과 승천을 서로 갈라놓지 않았다. 그리스도는 좌정하셨을 때 영원히 낮아지신 분으로서 높아지셨다. 한 사건의 결과로 다른 사건이 발생한 것이다. "그리스도의 낮아지심… 그 고난의 충격적 사건은… 단순히 과거에 속한 사실이 아니다! 이것은 그의 영광이 타락한 세상 가운데서 취할 수 있는 유일한 모습이다."[16]

따라서 메시아의 승천은 예수님의 십자가 사건의 진실을 '확증해' 주고 '드러내' 주었다. 이 둘은 서로의 의미를 알려 줄 수밖에 없다. "예수 그리스도의 부활과 승천은 예수 그리스도에 대한 온전한 계시이며 이 계시는 그분이 이룬 온전한 사역과 일치한다."[17] 유대인에게는 수치스러워 보이고 헬라인에게는 어리석어 보이는 것을 하나님께서는 옳다고 변호하셨다. 이것이 그리스도의 낮아지심을 그의 승리로 바꾸어 준다.

---

15 Bavinck, *Reformed Dogmatics* III.8, 418.
16 Farrow, *Ascension and Ecclesia*, 223.
17 Barth, *Church Dogmatics* IV.15.2, 141.

또한 이것이 바로 십자가가 신약성경 대부분의 중심 내용이 되는 이유다. 승천은 그리스도의 영광스러운 십자가에 드리운 베일을 걷어 올렸다. 이것은 자기 선포의 사건이었다.[18]

둘째, 복음서는 십자가로 향하는 예수님의 여정을 '위로 향하는' 여정이자 그리스도의 높아지심의 일부로 묘사한다. 공관복음서에 나오는, 예수님이 밟으셨던 지리적 여정에 주목하는 이들이 많다. 이야기 속에서 예수님은 예루살렘을 향하여 가신다. 이 여정은 죽음에 이르는 길이다. 예수님은 예루살렘을 향하여 '위로' 가시는데 이는 유대인들이 예루살렘을 세상의 중심이자 가장 높은 곳으로 보았기 때문이다(겔 5:5; 사 19:24). 예루살렘은 세상의 중추이며 언젠가 만국이 모여 들어갈 곳이었다(사 60:10-14).

고대 세계의 사람들은 지형이 초월적 실체를 물리적으로 반영한다고 생각했다. 지도로 지형을 나타내는 것은 이스라엘의 신학을 가시적으로 표현하는 것이었다. 그리스도는 하나님께 가기 위해 예루살렘을 향하여 '위로' 가셨다. 그는 하나님과 계시기 위해 십자가 '위로' 가셨고, 부활 때 '일어나셨고', 하늘 '위로' 승천하셨다. 이러한 지형적이고 공간적인 이동을 통해 예수님은 여호와의 산에 오르셨는데 이는 그

18　Barth, *Church Dogmatics* IV.15.2, 133.

가 바로 깨끗한 손과 순결한 마음을 가지신 분이었기 때문이다. 그렇기에 이사야는 그리스도의 십자가 사역을 그가 "받들어 높이 들린 일"이며 "지극히 존귀하게 된 일"이라고 말할 수 있었다(사 52:13). 요한복음은 인자가 들릴 것(요 3:14; 8:28; 12:32)에 대해 말하며, 모든 복음서 저자들은 예수님을 골고다로 올라가시고 십자가에서 들리시는 분으로 그린다(마 27:33; 막 15:22; 요 19:17).

나는 승천을 그리스도의 높아지심으로 말했지만, 성경은 그리스도의 삼중 사역(십자가, 부활, 승천) 모두를 그의 높아지심의 일부라고 본다. 이렇게 보는 것은 오직 그리스도의 현재적 왕권에 기초했을 때만 가능하다. 우리는 이 사건들을 구분할 수 있고 구분해야 하지만, 이들은 또한 연합되어 있다.

승천과 부활

아마도 승천과 구분하기 가장 어려운 교리가 부활일 것이다. 이 책 서두에서 나는 성경 저자들이 어떻게 때로 부활과 승천을 연결하는지 언급한 바 있다. 이 저자들은 예수님의 죽음에서 높아지심으로 넘어가며 이로써 부활과 승천을 연결한다(막 14:62; 눅 24:26; 빌 2:8-9; 벧전 3:32-22). 베드로는 사도행전 5:30-31에서 "너희가 나무에 달아 죽인 예수를 우리 조상의 하나님이 살리시고 이스라엘에게 회개함과 죄 사함을 주시려고 그를 오른손으로 높이사 임금과 구주로 삼으셨느니라"라고 말한다. 사실 부활과 승천은 서로 뗄 수 없는 관계이며 승천은 단지 부활의 자연스러운 결과라고 할 수 있다.

그러나 이 두 사건은 서로 연결되어 있기는 하지만 구분할 필요가 있다. 다른 본문에는 이 사건들이 더 자세히 구분되어 있다(행 2:32-33; 롬 8:34; 엡 1:20; 2:6; 골 3:1; 벧전 1:21). 마리아가 부활하신 예수님께 매달리려고 하자 예수님은 아직 아버지께 올라가지 못했다고 말씀하셨다(요 20:17). 승천은 단순히 부활하신 그리스도의 삶을 일시적으로 연장한 것이 아니었다. 부활하신 예수님의 삶은 이제 새로운 장소에서 계속되며 그 장소는 그분의 삶을 확증하고 승인한다.

부활과 승천이 모두 예수님의 높아지심을 확증한다고 분명히 말할 수 있지만 우리는 또한 이 둘을 동일시하지 말아야 한다. 누가는 이 두 사건 가운데 아주 중요한 틈새가 있음을 알려 준다. 패로우가 주장하듯이 "부활과 승천을 합침으로써 예수님의 여정을 갑자기 끝내 버리는 일은… 구속사의 목적을 변경시키는 것과 마찬가지다."[19]

---

19 Farrow, *Ascension and Ecclesia*, 28.

부활은 예수님이 죽은 자 가운데서 육신으로 일어나심을 말하며 승천은 그리스도의 높아지신 몸이 지상에서 하늘로 올라가는 것을 말한다. 부활 때 예수님은 죽음을 정복하셨고 승천 때 예수님은 아버지의 오른편으로 올라가셨다. 브라이언 돈(Brian Donne)은 이렇게 말한다. "부활은 예수님이 살아 계심을 의미하고 승천은 그분이 통치하심을 확증한다."[20]

이 두 사건은 서로 구분되면서도 연관되어 있다. "우리 주님의 부활 때 그분의 영광은 끝나지 않았다. 그분의 영화는 실로 그때부터 시작되었다"라고 밀리건(Milligan)은 말한다.[21] 카를 바르트는 예수님의 부활과 승천을 같은 사건 속에 존재하는 두 개의 독특하지만 서로 뗄 수 없는 순간들로 묘사한다. "부활은 출발점(terminus a quo), 즉 시작으로, 승천은 끝나는 점(terminus ad auem), 즉 끝으로 이해해야 한다."[22]

머레이 해리스는 이 두 사건 간의 차이를 이렇게 말한다. "부활은 그분이 높아지시기 전에 필요한 전주곡이었다. 기독교인들은 예수님이 살아 계실 뿐 아니라 통치하신다고 믿으

---

[20] Brian Donne, *Christ Ascended: A Study in the Significance of the Ascension of Jesus Christ in the New Testament* (Exeter, UK: Paternoster, 1983), 31.
[21] William Milligan, *The Ascension and Heavenly Priesthood of Our Lord* (Eugene, OR: Wipf & Stock, 2006), 1.
[22] Thomas F. Torrance, *Space, Time and Resurrection* (Grand Rapids: Eerdmans, 1976), 123가 인용.

며 언젠가 다시 오실 것이라고 믿는다. 승천 때 그리스도는 부활과 승천 사이에는 없었던, 그 누구와도 견줄 수 없는 영광의 자리를 받으셨다."[23] 부활은 예수님이 메시아이며 아들임을 입증했지만 예수님의 높아지심은 그분을 주로 만들었다. "부활은 '그가 사시며-영원히 사신다'는 선포이다. 승천은 '그가 통치하시며-영원히 통치하신다'는 선포이다. 이 두 개념은 서로 뗄 수 없으며, 아주 밀접하게 연결되어 있다."[24]

비록 그리스도의 부활과 승천은 같은 극본에 속했지만 서로 구별되어야 한다. 두 사건 모두에서 그리스도가 올려지셨지만, 부활은 그리스도의 낮아지심의 정당성을 변호했고, 승천은 하나님의 공식적인 승인을 나타냈다. 부활은 그리스도의 정당성을 입증했고 승천은 그 입증을 확증했다. 승천은 선택적 부가 사항이 아니며 단순한 후기도 아니다. 부활에 실수로 끼워 넣은 추가 사항도 아니다. 승천은 그 자체로 매우 중요한 사건이다.

---

[23] Murray Harris, *Raised Immortal: Resurrection and Immortality in the New Testament* (Grand Rapids: Eerdmans, 1983), 77, 85.
[24] Harris, *Raised Immortal*, 85.

승천과 종말론

그리스도의 좌정하심은 성육신과 십자가, 부활의 교리를 더욱 분명하게 해 주고 격상시킬 뿐 아니라 그리스도의 재림을 기대하게 해 준다. 나는 앞서 성령으로 중재되는 그리스도의 임재와 그리스도의 사역의 완성 혹은 높아지심으로서의 승천 이 두 가지를 모두 강조했는데, 그분의 재림은 몇몇 불균형을 잡아 준다. 우리는 성령의 임재가 예수님의 육신적 임재와 똑같다고 할 수 없으며 승천이 역사의 마무리라고 할 수도 없다. 승천은 종말을 시작시킨 것이다. 승천과 좌정은 절정 '그 자체'가 아니라 절정의 시작이었다.

그리스도의 재림은 승천하신 그리스도의 통치가 끝이 아님을 보여 준다. 그분의 재림이 결말이다. 이 시대에는 시간의 한계가 있다. 메시아의 승천이 필수적이지만 이는 또한 일시적이며 "하나님의 만물에 대한 위대한 계획 가운데 있는 삽입구"다.[25] 그분은 만물을 완성하기 위해 지상에 오실 것이다. 따라서 파루시아(오심 혹은 임재)를 단순히 다가올 일로 생각해서는 안 되며 이미 왔으나 앞으로 드러날 일로 생각해야 한다.[26] 예

---

25 H. B. Swete, *The Ascended Christ: A Study in the Earliest Christian Teaching* (London: Macmillan, 1911), 32.
26 돈(Donne)이 *Christ Ascended*, 52페이지에서 한 말이다.

수님의 주권은 현재적이며 하늘에 숨겨져 있다. 다시 오실 때, 그분은 온 땅이 자신의 주권을 완전히 볼 수 있게 하실 것이다.

바울과 나머지 신약성경은 또 다른 절정이 올 것이라고 확언한다. 승천은 단지 시작이며 그리스도의 재림이 마지막이다. 바울은 고린도전서 15장에서 그리스도의 재림이 피날레라고 다음과 같이 말한다.

> 그 후에는 마지막이니 그가 모든 통치와 모든 권세와 능력을 멸하시고 나라를 아버지 하나님께 바칠 때라 그가 모든 원수를 그 발 아래에 둘 때까지 반드시 왕 노릇 하시리니 맨 나중에 멸망 받을 원수는 사망이니라(고전 15:24-26)

그 마지막 날은 아직 오지 않았지만, 승천은 이를 기대하게 한다. 하나님은 다시 만유에 충만하실 것이나 임시 기간이 존재한다. 이는 모든 역사가 향해 가는 목적이며 그리스도의 승천과 좌정하심은 단지 시작점이 될 뿐이다. "승천하신 그리스도의 통치는 하나님의 영원한 통치를 준비한다"라고 스위트는 말한다.[27]

그리스도의 재림은 또한 예수님이 지상에 '정말' 부재하심

---

27 Swete, *Ascended Christ*, 33.

을 알려 준다. 미래에 오시려면 현재에 없으셔야 한다. 우리는 성령의 임재를 즐거워하지만, 여전히 예수님의 재림을 기다린다. 사도행전 1:9-11에서 누가는 특히 그리스도가 하늘에서 권위를 가지게 되시는 것과 그분의 재림을 연결해서 말한다. 흰옷을 입은 두 사람이 제자들에게 말한다. "너희 가운데서 하늘로 올려지신 이 예수는 하늘로 가심을 본 그대로 오시리라(행 1:11)." 성경 저자들에 따르면 승천은 우리가 그리스도의 재림을 바라보도록 해 준다. 승천은 우리가 현재의 것에 불필요하게 사로잡히지 않고 이미 시작된 역사의 완성을 향해 나아가도록 도와준다.

토런스는 승천과 재림 사이의 기간을 "회개하고 복음을 믿을 수 있는 시간을 주기 위한 종말론적 보류 기간"이라고 부른다.[28] "주 예수여, 오시옵소서(계 22:20)"라고 현재 교회가 외칠 때 교회는 예수님의 높아지심에 대한 믿음을 고백하는 것이다. 그분께 오시라고 외치는 것은 모든 눈이 이를 깨닫지 못하고 있음을 인정하는 것이며 그분을 주라고 부르는 것은 그분이 이미 통치하고 계심에 동의하는 것이다. 우리는 중간의 때에 살고 있으며 그리스도께서 자기 일을 완성하시기를 기다리고 있다.

---

28 Torrance, *Space, Time and Resurrection*, 59.

성경 저자들의 주장에 따르면 그리스도가 하늘에서 돌아오실 때 두 가지 일이 일어날 것인데, 먼저 그리스도가 자기 원수를 영원히 죽이실 것이며 또한 자기 백성을 회복시키실 것이다. 요한계시록은 그리스도의 재림과 그의 원수들의 비극적 결말에 대한 생생한 그림을 보여 준다. 요한은 마지막 때의 그리스도를 백마 타고 오시는 이로 묘사한다(계 19:11-16). 그분은 신실하고 진실하며 그의 눈은 불꽃같다. 피에 젖은 옷을 입으셨고 그의 군대는 하늘로부터 와서 그분을 따를 것이다. 입에서는 예리한 검이 나와 그것으로 만국을 치실 것이다. "그 옷과 그 다리에 이름을 쓴 것이 있으니 만왕의 왕이요 만주의 주라 하였더라(계 19:16)." 이에 앞서 요한은 그리스도가 "구름을 타고 오시리라 각 사람의 눈이 그를 보겠고 그를 찌른 자들도 볼 것이요 땅에 있는 모든 족속이 그로 말미암아 애곡하리니(계 1:7)"라고 단언한다.

그러나 그리스도는 또한 자신의 백성을 모으시고 보호하시고 그들이 거할 새 도성으로 인도하시기 위해 오실 것이다. 승천 때 예수님은 우리의 선구자가 되어 올라가셨고 다른 이들을 데리고 다시 오실 것이다(히 6:20). 재림 때 이루어질 그리스도의 복수는 성도들이 그리스도 안에서 받게 될 위로, 안심과 연결되어 있다. 그리스도가 하늘에서 다시 오실 때 그분은 자기 백성을 자신과 함께 공중으로 끌어 올리실 것이다(살전

4:17). 그들은 그리스도와 함께 승천할 것이다. 휴거는 성도들의 승천이 될 것인데, 이때 그들의 몸은 하나님의 영광을 바라볼 수 있도록 그리스도처럼 변화될 것이다. 왕은 귀환하실 때 환난을 받는 자에게 안식을 주실 것이고(살후 1:7a) 성도들에게 영광을 받으실 것이다(살후 1:10). 또한 그들은 주 예수의 영광을 얻게 될 것이다(살후 2:14). 그리스도의 재림은 그가 자기 백성 모두에게 승천의 영광을 물려주신다는 뜻이다. 머리에서 일어난 일이 몸에도 일어날 것이다.

 요약하면, 예수님의 재림은 교회가 눈을 미래에 향하여 고정하게 해 준다. 재림은 우리가 성령의 현재 사역에 감사하게 하고 그리스도의 현재적 승리에 감사하게 해 주며 또한 그리스도의 재림을 간절히 바라게 해 준다. 재림은 우리가 승천을 종말의 시작으로 보도록 해 주며 소망컨대 예수님의 왕권이 온전히 드러나기를 기다리게 해 준다. 그때 그분이 돌아와 자신이 선택한 백성을 모으고, 자기를 대적하거나 자기 백성을 대적한 자들을 흩으실 것이다.

승천과 신학적 체계

그러므로 우리는 승천이 성경 이야기 속에서 차지하는 위치를 재조정해야 할 뿐 아니라 신학적으로도 그 위치를 재조정할 필요가 있다. 승천이 중요하다고 말하기는 쉽지만 어떻게 그리고 '어떤 방식으로' 승천이 다른 교리와 일치하는지 말하는 것은 어렵다. 하지만 그만큼 따르는 유익도 더 크다. 다른 교리들과의 상관관계 속에서 볼 때, 승천은 그들과 구분되어야 하나 또한 이 모두가 같은 극본에 속했다는 점은 분명하다.

승천은 성육신을 확증, 지속시켰다. 예수님이 올라가셔서 하나님-인간으로 하늘에 거하시기 때문이다. 신약성경의 저자들은 그리스도의 내려오심과 올라가심을 하나의 연속적 움직임으로 본다. 승천은 또한 십자가에 숨겨져 있던 것을 드러내 주었고, 그리스도가 십자가 위에 올라가심으로 보여 주신 그분의 낮아지심도 사실은 그리스도의 높아지심의 한 부분이었음을 알게 해 준다. 승천과 부활 역시 서로 연결해야 하는데, 이는 두 가지 사건 모두가 그리스도가 십자가에서 하신 일의 정당성을 입증해 주었기 때문이다. 마지막으로, 그리스도가 보좌에 앉으심은 그분이 마지막 때 어떻게 다시 오실지를 예시해 준다. 승천은 절정의 한 부분이지만 결론은 아니다.

이 교리들은 모두 서로 연결될 수 있지만 서로 구분해야만 한다. 이 각각의 교리는 그 자체로서 독특하며 그리스도 사역의 특정 부분을 성취한다. 승천은 성육신과 연결되어 있는데,

하나님이 성육신하셔서 인류에게 오셨다면 인류는 승천함으로 하나님께로 올라간다. 십자가 사건은 그리스도의 왕권을 높이 들어 올려 선포했지만, 예수님은 좌정하심으로 왕으로 임명되셨다. 그리스도는 부활 때 죽음을 이기셨으나 승천을 통해서야 승리하신 새 몸이 하늘로 옮겨졌다. 마지막으로, 예수님은 떠나신 모습대로 다시 오실 것이지만 승천으로 하늘에서의 예수님의 통치가 시작되었고 그분의 재림 때 그의 영원한 지상 통치가 이루어질 것이다.

결론

기독교인들은, 심지어 저교회파(low-church) 전통에서도, 교회력 일부를 따르는 것이 일반적이다. 즉 크리스마스, 성금요일, 그리고 부활절을 축하한다. 하지만 승천일은 거들떠보지도 않은 채 지나간다. 이날은 부활주일에서 39일 후인데 보통은 부활절을 축하하고는 잊어버리는 경우가 다반사다. 이렇게 승천일을 간과하는 것이 의도적인 것은 아니겠지만, 이는 우리가 어떻게 승천을 바라보는지를 분명히 말해 준다. 우리에게 이것은 잊힌 사건인 것이다.

하지만 우리가 승천을 제자리에 위치시키면 그리스도의 승천의 중요성이 성경 전체에서 드러나게 된다. 나는 승천이 간과될 수 있음을 인정하며 이 책을 시작했다. 승천은 특이한 사건이며 겨우 몇 구절에만 나오고, 때로는 그 파급 효과를 정확히 말하기가 어렵다. 이 때문에 우리는 예수님의 생애, 죽음, 부활까지만 말하고는 거기서 이야기를 중단하기가 쉽다.

그렇지만 승천이 성경 이야기와 신학에서 차지하는 자리를 제대로 다시 매겨야 할 필요가 있다. 만약 우리가 이것을 소홀히 여긴다면 그리스도의 '현재' 사역을 버리는 꼴이 될 것이다. 이것을 소홀히 여긴다면 교회의 권능과 사명을 오해하게 될 것이다. 이것을 소홀히 여긴다면 세상에서의 우리의 부르심을 잊게 될 것이다. 이것을 소홀히 여긴다면 그리스도께서 떠나신 대로 다시 오신다는 사실을 잊게 될 것이다.

그리스도의 승천은 뒤늦게 추가된 생각도 아니고 이미 확실한 부활의 진리에 대한 추가적 입증도 아니다. 승천은 그 자체로 독특한 사건이다. 승천은 선지자, 제사장, 왕으로서의 예수님의 권위를 확증하고 변호했다. 하지만 승천은 그 이상의 의미가 있다. 승천은 그리스도의 사역을 확증했을 뿐 아니라 이에 공헌했고, 심지어 계속되게 했다. 예수님은 여전히 살아 계시며 자신의 하늘 보좌에서 만물을 주관하고 계신다.

승천은 그리스도의 삼중직에 획기적인 변화를 가져왔다. 승천 전에 그분은 지상의 선지자였는데 지금은 하늘에서 자신의 교회를 세우는 선지자이시다. 승천 전에 그분은 지상의 제사장이었는데 지금은 우리를 위해 참된 장막에서 중보하는 하늘의 제사장이시다. 승천 전에 그분은 유대인의 왕으로 경배받으셨는데 지금은 하늘과 땅의 주로 임명되어 보좌에서 통치하신다.

구약성경은 삼중직을 불완전하고 결함 있는 역할로 제시한다. 그러므로 독자들은 메시아의 삼중직에 일어날 변화를 예상할 수 있다. 구약성경의 삼중직은 앞으로 오실 실체의 그림자였다. 성경 주요 본문들은 언젠가 승천을 통해 이 선지자-제사장-왕의 축복이 쏟아부어질 그날을 이야기한다.

성경이 그리스도의 지상 사역에 관해 많은 부분을 할애하므로 우리는 지상 사역을 더 많이 생각하는 경향이 있다. 하지만 그리스도의 승천은 독자들이 예수님의 사역이 과거에만 그치지 않고 현재, 그리고 미래까지 미친다는 사실을 생각하게 해 준다. 그분이 지상에서 하신 일은 하늘에서 그가 하실 일이 어떠할지 잘 안내해 주고 보여 주었지만 여러 면에서 그리스도의 하늘 사역이 더 우월하다.

승천은 그리스도의 사역뿐 아니라 교회에 대해서도 중요한 의미를 가진다. 그리스도는 승천을 통해 자기 교회에 권위와 선물을 주셨고, 또한 자기 백성을 축복하셔서 이들이 땅에서 선지자, 제사장, 왕이 되도록 하셨다. 이런 점에서 메시아의 승천이 교회에 출격 명령을 내렸다고 할 수 있다. 그리스도인은 지상에서 싸울 때 승천하신 주님을 바라본다. 이들은 언젠가 산 자와 죽은 자를 심판하기 위해 주께서 다시 오실 것을 기억한다.

그날에 하나님의 만백성이 올라가 자신의 선구자를 따를 것이며, 하나님과 영원히 함께할 것이다.